養得起的未來

退休要有錢的35個財富觀念與人生態度

序　退休一定要有錢

陳亦純

　　如果在五年前告訴你，出門只要帶手機就通行無阻，無須鈔票，你一定會說：講甚麼夢話，哪有這種事！

　　但現在說五年後，你不用買車、養車、開車，你大概不會懷疑無人車的時代來了！AI人工智慧的時代來得太快，太顛覆。反常變成正常，所有的不可能都變成可能。

　　癌症不是絕症、重病不會死、器官移植、整體整容，都是小事一椿。但能做到起死回生、脫胎換骨、化腐朽為神奇，關鍵只有一個字——「錢」！

　　以前說錢非萬能，但漸漸的，你會發覺，沒有錢才是萬萬不能。要安養，要強身治病，要活得有尊嚴、有樂趣，都需要足夠的錢。

　　三代不同堂已經是常態了，甚至兩家聯姻後，三個家庭六個人只有一個孫，靠下一代奉養照顧不僅是奢望，更是幻想。

要看開，不要妨礙彼此的生活空間，多存一些錢，對自己好一點，退休後遊山玩水，閒雲野鶴，或當個快樂的志工，或找個可終身學習，終身服務的專業事務。

　　年輕時候是工作，中年變成事業，老年可當作是志業，最後要提升為「聖業」。

　　「聖業」是對人有利，對己有益，對社會有影響力。

　　不一定年紀漸長才轉變，心情要漸漸調整和勝任，心靈新世代，你可要跟得上。

　　我在「人間福報」寫了好幾年的專欄「養得起的未來」，曾集結出版，星雲大師加以專文推薦，因為大師的睿智和眼光，看到時代的轉變，要大眾快快為自己的老年階段負責。

　　可是要怎麼樣才能擁有足夠的錢呢？錢有兩種，實質的錢讓你生活不緊張，充滿安定的心靈力量則是來自無盡的宇宙財富。

　　有人說「錢是吸引來的！」有人說「想要有錢就有錢！」，更有人說「信念力量之所在是錢之所在！」

總之就是要儲備未來另一階段的資糧。

但宗教家告訴我們，十一奉獻可讓你得更多。財施、法施、無畏施，讓你無所失。

奉獻就像蘋果的種子，你可以算出一顆蘋果有多少籽。但你算不出，種籽分享出去後，因為好因緣，所長成的蘋果將無止盡，算不盡。

本書分六個章節，從觀念到態度到避險，循序漸進，是專業技術外的另一種感性建議。

本書除可供靜心思考外，還是可送給親朋好友聊聊未來的小禮物，更是金融界的朋友，如銀行理專、保險夥伴，聯繫客戶感情，增加商業話題的書籍。

感謝時報出版社的熱情支持本書的出版，正如創始人余紀忠先生所揭櫫之理念「新聞是為歷史作紀錄，而文化傳承則必須由出版事業來負擔。」退休安養更是民生所需，文化界能大力推倡，降低民眾未來之辛苦，時報出版社居功甚偉！

目錄

1.

創造-打破你對金錢的舊觀念

01 退休有錢要有方法！

　　你想過哪種退休生活？在計畫之前，最好先惦惦自己的口袋，因為口袋的重量才是左右退休生活的關鍵！

　　有時候，你會不會覺得上天很不公平？同樣是努力工作幾十年，有人卻老早存夠退休金，瀟灑揮別職場，去享受悠閒寫意的人生，但自己卻成天忙得焦頭爛額，從早到晚追著錢跑，還說什麼退休，真是想都不敢想！

　　事出必有因，不要埋怨自己不會賺錢，其實你只是用錯了方法。

　　一分耕耘、一分收穫的時代已經過去了，如今是講求效率的時代，你只要用對方法，並將時間有效運用，從這一刻開始，財富自然滾滾而來！

驚人的複利效益

　　以一個行銷人員的效率為例，如果他一個月成交一筆生

意，獲利一萬元，只跟這位客戶做一次生意。1乘1再乘1，結果是1。

但假設他一個月成交兩筆生意，每筆生意獲利兩萬元，這位客戶可再衍生另一筆生意。2乘2再乘2，結果已是8。

若他一個月可成交三筆生意，每筆生意獲利三萬元，這位客戶可再衍生另外兩筆生意。3乘3再乘3，效果高達27，是第一位行銷人員的27倍效應。由這推論而言，你應該知道為何有人年收入千萬，而有些人窮困潦倒了吧！

掌握關鍵少數，就能掌握財富

麥肯錫顧問公司把回歸基本面（Back to basic）當作必修學分，曾在印度某銀行導入這基本功能，平均績效增加83%，他們是以二八定律為運用主軸，列出最重要的十個客戶，雖只佔總客戶的3%，但運用「無限卡」的觀念，給予盡可能的服務，當然也思考創造最大的商機。

次重要的客戶佔27%，雖沒有立即的生意，但有潛在利益，所以每個月要定期問候一次。最後，是佔70%的一般客戶，只需每月用一個晚上統一以e-mail或其他電子通訊管道聯繫問候即可。

二八定律的功效驚人，但要訣是執行力要夠，要能堅定持續去做。執行力就是讓生命加值，讓一生的期許、目標達到。

選對師父＝創造財富

一般人日復一日，做該做的事，但如果每年的成績是1，延伸十年，1的10次方還是1。

但若能稍加努力，只要增加十分之一成果。1.1的10次方，十年後就變為2.59了！要是增加的是十分之二，每一年增加兩成的效應，十年後居然高達6.19倍。

「股神」巴菲特（Buffett）每年平均投資以複利成長21.1%，跟著他投資的民眾，四十年後有人獲得八千倍的驚人效應，只要跟著巴菲特，什麼事情都不用做，自然財源滾滾。

要是用錯了方法或跟錯人，憑著小聰明偷雞摸狗，浪費時間、虛耗生命。那麼生命價值不是維持1，而是每年倒扣10%，十年之後，只剩下0.34；要是每年打八折，十年後只剩下0.1的價值了。

所以為什麼有人成為遊民，有人潦倒一生，這都是不經意讓自己的生命持續流失的原因。

再窮也要站在富人堆裡

《猶太商法》裡有一句話——再窮，也要站在富人堆裡。

自甘消極、平凡，人生自然就消極、低落。若能站在富人堆裡，去聽富人怎麼說、怎麼做、怎麼想，自然就有機會學到做富人的本事。

想法變、觀念變、成果就變。成果變，命運就變了！

生而為人，要有做一等人的自許和企圖心，什麼是一等人，自利利人，當社會的楷模、風氣的引導人，能創造眾人的幸福，轟轟烈烈的成就了歷史，留下受懷念和跟隨的名聲。

大部分的人一生百花叢裡過、片葉不沾身。悄悄地走，正如悄悄地來。雖有不甘，但卻無奈。何不走出一條讓自己滿意和豐富的人生路呢?

■ 甚麼是「二八定律」

義大利經濟學者帕雷托、佛雷多Viltredo Pareto觀察
1906年的義大利社會後所提出。

20%的少數人掌握了80%的財富，一個群體中，最重要
的部分只佔20%，其餘的80%只是次要的。

二八定律也被市場廣泛引用，企業只要掌握最重要的
20%，就能創下80%的利潤。

■ 數字差一點，成果大不同

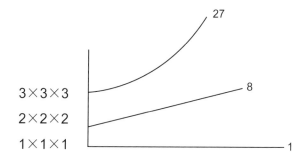

$1^{10} = 1$

$1.1^{10} = 2.59$

$1.2^{10} = 6.19$

$0.9^{10} = 0.34$

$0.8^{10} = 0.1$

02 | 不是收入太少，而是開銷太大

沒紀律的花用、不在意的消費，都是造成老年生活費用無著落的主因。

曾經在《商業週刊》看到這樣的記載——夫妻破財十大陷阱。

夫妻破財十大陷阱

一、刷卡刷成卡奴，薪水不夠支付帳單，信用由正變負。

二、輕易嘗試消費性貸款，負擔百分之十五以上利息。

三、小額消費無節制，形成荷包黑洞。

四、常態性失業，或經常換工作，工作不穩，收入不穩。

五、購買股票，跌多不停損，賠光又負債。

六、年輕時即買車，養車成本超過養小孩。

七、常赴國外旅遊，一次花掉半年存款。

八、外食多過內食，動輒千元，兩天抵一週菜錢。

九、買屋太急，房貸超過七成，淪為屋奴。

十、夫妻不用心，你賺我花，你存我刷，財富停步。

真是可怕的錢洞、陷阱。很多人都說，「錢到底跑到哪裡去了？」沒有紀律的花用，不在意的消費，這都是造成收支不平衡，老年生活費用無著落的重要原因。

錢到底跑到哪裡去了

除了上述的十大陷阱外，還有一些無謂和無意義的消耗。抽煙是對己無益、對人有害的可鄙行為，婦女的肺癌經證實二手煙是元兇。一包香菸至少要台幣五十元，一年燒掉將近兩萬元。

心情苦悶，到星巴克喝一杯「拿鐵」，氣氛好，心情會開朗，但常喝會上癮，一年又要喝掉三萬元。懶得走路，懶得走到捷運站，隨手一招，「小黃」即來，瀟灑是瀟灑，但幾百元就飛掉了。

手機無制節的談，下班一票人去KTV唱歌，百貨公司拍賣時買一堆無用的商品。看到別人買一件好看的衣服、時髦的皮包，恨不得也趕快比行頭和人家趕時尚，聽說哪邊有好吃的餐廳，哪裡的海鮮自助餐便宜又新鮮，又是一邀一大票人前去品嚐絕不手軟。

說錢不夠用，但朋友拉著出國，全家跟著出去了，又是一

大筆費用。

你可能不敢正視這些費用，到底是花了多少，你只是覺得錢不夠用。理財專員和保險顧問和你談儲蓄和保障，你大概會說「生吃就不夠了，怎能曬乾」。

準備一千萬的退休金

如果將一些本來可以省，但你卻消耗掉的錢仔細記錄和算下來。

一個月大概要花掉3萬元，一年40萬，十年400萬，20年800萬，這數字可怕吧！

要賺錢不容易，但不經意即浪費掉八百多萬元。依花旗銀行推估，退休需要準備一千萬的退休金才夠用，乍看不容易存，但稍加分析，其實你應有能力達成的。這要看你怎麼善待你的錢和你最重要的老年黃金歲月。

不要以為時間很寬裕及距離退休時間還很久，突然間，中年變白頭，二十年光陰彈指過，歲月飛逝總是匆匆。記住，現在你不準備日後養老的錢，以後你沒有錢可以養老。

■ 佛教「善生經」中對理財的看法

1. 重視人際關係，累積人脈，廣結善緣

2. 廣泛學習各種知識和技藝，敬業勤奮

3. 用財節制不可浪費

4. 不求暴發，積因隨緣

5. 獲利四分用，家用、置產、生息、佈施

03 改變，才能創造致富契機

　　時代在變，賺錢方式也要改變，安於現狀只會被別人迎頭趕上，想要常保巔峰、立於不敗，創新和改變，是出奇制勝的不二法門。

　　賺錢的方法隨著科技進步產生激烈變化，台灣早年賣樟腦，現在出口電腦；賣生魚片能賺錢，但賣晶片更獲利；以前靠種稻米維生，現在是奈米當道。

　　二十年前的五星級飯店和飯店中心，最重要的設施是擁有一個S-Swimming pool游泳池；過了十年，市場成為另一個S-Sports center健身中心；到了今天，再被另一個S-SPA給取而代之。不用多久，Cosmetic Surgery「醫美」將成為主流。

從馬桶開始的頂級服務

　　以前台灣人喝茶，但這幾年被咖啡顛覆了，大街小巷處處可見咖啡館林立，這變化來自Starbucks，喝咖啡被包裝成一種流行，更是品味與時尚的象徵。

7-11、全家等便利商店也改變了現代人購物習慣，明亮的環境、寬敞的擺設、廿四小時的服務，揮別老阿嬤時代的雜貨店，再加上讓客戶坐下來喝咖啡、聚談的區域，集客率增加了不止三成。

鼎泰豐為什麼成為世界十大餐廳之一？為什麼國外旅客到台灣一定要排隊去品嚐？不只是他們的食物吸引人，還有他們無微不至的服務，光是一個廁所馬桶蓋，每次在客人使用後，都會有服務員徹底內外擦拭，賣麵食小吃可做到讓人驚訝的景象，他們是有獨到之處的！

富人敢創新，窮人不敢動

創新是永續的生命力，不改變就會凋萎，任何行業都要不斷地給予刺激，賦予新的靈魂和面貌。

改變習慣，是創新的重要因素，有句話說：「窮人習慣不敢要、不敢動。」一成不變是不能創造財富的主因，敢挑戰傳統、突破現狀，才能造就成功的機會。

反向操作，也成為創新的基本因素之一。

以前的殯葬業叫人退避三舍，但現在生前契約和美麗的花

園墓園顛覆了傳統觀念，也創造了龐大的商機，老人家不再忌諱死亡，甚至主動安排自己的身後事。

旅行社採取知性之旅、文化之旅，精緻、個人化服務，皆大歡喜，利潤也增加了。

2016年台灣民眾壽險的投保率已240%，多少人說這個市場飽和了，競爭太大了，但改變訴求，以退休、安養、節稅為重要前提，客戶認為是置產、是投資，反而樂於參加，台灣人的保費平均每個人支出台幣14萬，幾乎佔GDP的兩成，是全球第二名，僅略差於開曼群島，數字大得驚人。

名設計師Ralph Lauren說：「I Don't' design clothes, I design dreams.」（我不是設計衣服，我在編織夢想。）

有夢最美，希望相隨。有夢的人，人生才會精采有活力，人最怕退休後身體不動、腳也不動，有動力的生命，才能創新永不老！

04 善用優勢，讓自己無可取代

職場上沒有不可被取代的人，但只要懂得運用自我優勢，就連計程車司機都能締造「沒人能夠取代我」的江湖地位。

因為趕時間，而且不知道目的地停車容不容易，趕緊叫了計程車趕過去，年輕的司機風馳電掣，一下子就到了，剛好100元。回程是位開了二十年的老司機，穩穩健健，也是100元。

腦海中突然間浮現一個想法，我們並不會因為老司機的年資較深，而付出較多的車資，如果一個開了二十年的老司機，和只開一年的年輕司機所得都是一樣，那麼換個角度想，這豈不是說，同樣的本金存一年和存二十年回收的本都一樣，換句話說，時間的長度並沒有增加錢的效應，他這二十年的歷練可說是浪費了。

用經驗累積生命價值

反觀如果你的家裡要裝潢，兩個師傅讓你選，一個只有一

年的年資，另一個做了二十年，出於對「經驗」的信賴，你可能會挑老師傅，雖然工資較貴。

裝潢還不算是大事，萬一心臟病住院要開刀，當然要挑二十年資歷、開過上萬台刀的老醫師，也絕不冒險給新醫生試刀，儘管排進老醫師的手術時間不容易，但就算費盡心思、用盡關係，也要排上他的刀。

老醫師的光環、收入、地位以何而來？時間、歷練、自我的努力和提升，加上患者的口碑與社會認同，成了一個生命價值不斷增值的人。

要當能被利用的人

一位在銀行上班的女士來找我，要我幫她在公司向同事推廣信用卡，並問公司是否需要貸款。

我看她樣子不太像是業務人員，她說剛被調到推廣部門，一個月至少要推銷出三十張信用卡和一億元的放款額度。她還說，自己在銀行已做了十五年，一向坐櫃檯，即便在工作中兢兢業業，但有時還是因算錯帳要賠錢，如今公司在市場激烈競爭的狀況下，開始要求資深行員增加產能，讓她相當無奈。

她是無法累積生命價值的人，在提款機和機器人取代發鈔人員後，她若不能另外開發出自己的價值和績效，很快便會被淘汰。

埋怨不如想辦法改變

經營事業也一樣，傳統雜貨店被便利商店和量販店打得落花流水；窗簾業、地板業被B&Q擠壓。

一位甚有名氣的婦產科老醫生抱怨，看診人數從「門庭若市」變成「門可羅雀」，擔心撐不下去，他說都是被「少子化」給害了。

但我認為，箇中原因並非少子化，因為台北市有幾家醫院的婦產科照常吸引名人、影星、貴婦前往，還斥鉅資打造月子中心，營運顯然未受影響。他們的成功，是因為早一步察覺到趨勢和潮流，在短短幾年裡大肆革新，轉型為精緻、隱私和專業。

創造不被取代的優勢

人的價值來自於可被應用和稀有性，如果不具特殊性，他就像一支不能保值的股票，隨時面臨身價暴跌、隨時被取代的

危機中。

　　如何創造不被取代的優勢？同樣是開計程車，花點腦筋、動些巧思，就能立於不敗之地。有一位「運將」號稱是兩百位教授、老闆的最愛，他的服務聲名遠播，靠著客戶一個介紹一個，預約至少已排到兩個月後，每個月收入可以超過十萬元，很多企業名講師都指名要搭他的車。

　　這位運將的車沒有特殊配備，但他從轉行開車時，就開始嘗試以最能凸顯自己優勢的方式，來服務每一位客戶，他採用CRM──客戶關係管理的模式，抓住不同客戶的習性和喜好提供服務，舉例來說，他給老師準備潤喉茶，給企業家準備商業報紙，他播放古典音樂和旋律優美柔和的CD鬆弛客人的壓力，讓他們在短暫的車程中補眠。

「看得遠」比「賺得多」重要

　　新手在乎價格、老手在乎價值、高手用文化創造長遠競爭力。所以當你在選擇事業時，眼光要放遠，更要著重工作的未來性。

　　選擇一個能創造複利價值的事業，讓自己可以憑著形象、知識、特有的技術，在累積時間效益後，讓工作時間縮短，但

收入卻反而提升，甚至可以不必到公司上班一樣有收入，出國旅遊度假也有收入，你的夥伴為你堅守品質和推廣公司的物品，甚至你退休後還是有豐富的收益。

當你具備如此安穩事業時，你可以感激上天的豐賜，在你還可以撥出一部分的資金利他時，你才可以說，自己是一個締造高生命價值的人。

■ 什麼是CRM？

客戶關係管理CRM（Customer Relationship Management），是指一種策略，去瞭解客戶的行為，提升客戶的滿意度及忠誠度，來保持舊客戶、吸引新客戶，提高營運效率和利潤。

05 種豆不會結瓜

人生旅途偶有不順遂，與其怨嘆自己福薄命差，不如時時行善積德，因為天理循環不脫「因果」道理，種下了惡因，絕不會結出善果。

一位男士和女友交往多年，但突然女友和認識沒幾天的對象結婚去了，他痛苦萬分。後有一位看出前世因果的高人指點他，說他女友有一世溺斃在河岸邊，身無寸縷，眾人看了即走開，他則是嘆息離去，但有個人卻是將身上的衣服脫下蓋在屍體之上。因為他只是惋惜，所以女友今世只和他為友；對方是憐惜保護，所以能夠結為佳偶。

印度有一個國王寵愛一頭白象，瓔珞披飾外加專人服侍，但有天一位羅漢在牠耳邊言語幾句後，白象便不吃不喝，國王很生氣，將羅漢抓來問原由。羅漢說：「我認出白象是我前世的共修，牠修福不修慧，所以此生成為您的寵物，享盡人間福報；但我前世只修慧不修福，雖得智慧成為羅漢，卻因福報不足，常持空缽得不到佈施，我是將兩人的因果提醒牠，趁早修行，勿貪享福再輪迴受過！」

此寓言即是「修福不修慧，大象披瓔珞；修慧不修福，羅漢應供薄」的由來。

人生的福份早有定數

有時看到一些朋友，本來收入不高，三餐已難度，鮮少以財務助人，但時來運轉，機緣恰至，收穫突然豐碩，可惜本性難移，不改慳吝之性，對部屬不能分享，對貧困也不佈施，猶怨言謂別人待他不公。

我擔心他們福份用完後又將歸於原點，一個有福份的人，不應該只是盡享上天之賜，這些豐厚資源應是給他們行善之本才是。

反之，有些人尚未能有大成果，但熱心公益，不計利益投身助人之舉。相信以他們的熱情、熱誠，將來必有福報。他們能以「敬天愛人」之意悲天憫人，能以體察天心、效法天道之情佈施愛眾，獲天幸、博好命將是必然。

天理循環不脫「因果」

《了凡四訓》中有句話說：「天之發人，先發慧後發福。」上天要一個人飛黃騰達，先讓他明事理、知人情、懂因

果，他才能珍惜所有並盡善使用之責。

談到因果，日本「經營之聖」稻盛和夫最是語重心長，他說我們活在一個有因有果的世界，人的一生都在因果報應法則裡流轉，一絲一毫也逃不過、離不開。

一則流傳在新北市濱海金山區的因果故事，日據時代，該地一名善心人士益源布莊林老闆，某日行至市場，見一即將被宰殺的巨龜淚流滿面，他動了惻隱之心，以鉅資買下，在龜背刻上「益源號放生」五大字放回大海。

事隔十六年，林老闆次子學成從日本搭船回台，不料船在野柳觸礁，他在載沉載浮中，突覺被巨物托起，細看是一隻大龜，背上還有自己店號之字，待回岸上後他合掌拜謝，巨龜也點頭噴噴出聲，似是告知只是回報善恩而已。

多行善、廣積德，累積福報

有人一出生時就口銜金湯匙，難體悟人間疾苦，千金奔散不心疼，待人傲慢不珍惜，應擔心福份用完後，老來是否仍如意；有人生於寒門，但知上進努力，當他苦頭吃盡後，也就是甘來之時。

少年苦不是苦，老來苦是真苦。少年苦，培養心性、鍛鍊意志；中年苦，提升人生境界，勇於強化社會地位；老來苦，難翻身，苦於力竭氣衰。

因此要珍惜已有福報，勤於修持養身，更以助人為樂，創造利人福祉，福慧雙修，才能福氣綿延，長保慧命呢！

■「了凡回訓」是一本人人必看的改變命運奇書

明朝袁了凡先生所寫，本來是給兒子當訓勉用。他原本被相學師孔先生論定，而又事事都靈驗，所以相信有命運之事而隨波逐流，但遇到更高境界的雲谷禪師告訴他，命運是可以改變的，不能改變命運的只是凡夫俗子。

因而發憤改命，從立命、改過、積善、謙德去力行，命運果然改變了！

本書流傳五百年，影響到越南、韓國和日本，尤其日本將此書當作是國家重要官員必修之書，故傳「明治維新」本書有甚大貢獻。

近代稻盛和夫亦推崇此書，他將此書當作是他的生命指南！

06 千萬富翁靠節省可得

賺錢好辛苦，所以要時常犒賞自己，如果你有這樣的想法，那麼一輩子都要追著錢跑。累積才能帶來財富，運用複利的觀念，讓自己省成千萬富翁。

愛因斯坦說：「複利是世界最大的威力」，究竟有多大威力呢？

兩百多年前，英國一個富翁各給兩個兒子250鎊，要他們自行運用，一個兒子移民到紐約，發現原住民喜歡飾品，於是將250鎊通通買了飾品和原住民交換位於曼哈頓島的土地；如今，曼哈頓島的價值大約有兩百五十億英鎊。

小小複利，大大威力

另一個兒子較保守，把錢放在銀行定存，商議好年息10%，但不久卻發生車禍意外身故，當時沒人知道這筆款項的下落，直至兩百多年後，後人改建古屋時，才找到存摺，他們急忙跑到銀行查詢，銀行仔細一算驚覺不妙，立刻請政府機關

出面協調，要嘛給兩百五十億，不然銀行讓給他，因為根據複利計算，這250鎊在兩百年間利上滾利，早已成了天文數字，足足可買下二十個曼哈頓島！

新聞常報導有些欠缺資金的人，向地下錢莊借款或使用現金卡，最後因被追債而走上絕路，這些人的境遇令人感嘆，但他們犯下最大的錯誤，其實是沒搞清楚複利的可怕。

不要輕忽複利的可怕

讓我來告訴你複利的恐怖之處，如果今天你向地下錢莊借一千萬，假設他們給你兩個選擇，一種是用傳統利息方式還錢，另一種是第一天你只需要還一塊錢，逐日加倍，還三十天即可。

如果你誤以為採行第二種方案對自己較為有利，那就大錯特錯了。

因為第一天還1元，第二天2元，第三天4元，第四天8元，開始時甚是微薄沒錯，但到了第三十天，金額會增加到五億之多。

運用複利，輕鬆理財

你會質疑：「哪有每天加倍的道理？」沒錯，這道理難以成立。

但若我們用三十年為一階段，從出生起，即開始用複利的方式來儲蓄，到了三十歲要創業或要成家時，便無財務之憂。

或者從進入社會上班開始，你從收入中固定撥出一部分，經過三十年，你即可以安穩退休。

用記帳來管理花費

錢要賺不容易，但要花掉卻是簡單得很。

曾問一批剛入公司的年輕業務員，他們一年究竟花掉了多少錢，在讓這些業務員開始記帳後，他們都大為驚訝，自己居然一年用掉了四十、五十萬元，當中還不包括稅金和一些公司物品扣款等，也難怪他們雖年薪百萬，還是存不了錢。

錢有一種神奇的魔力，你賺越多，就會花越多，你愈是會賺錢，就越是花得大方。

容易賺錢的人花錢較不用大腦，甚至在花錢時，腦海中會浮現一個聲音催眠他：「不用太苛責自己，不要為難自己，錢再賺就有了。」

揮霍累積不了財富

因此年輕人賺錢是很努力沒錯，但花錢卻是更痛快，尤其是從事業務的人，在公司招待出國、或是自我犒賞旅遊時，大肆採購；在報章上看到保險公司的旅遊團到日本福岡，一進入購物中心就像蝗蟲過境般，貨架上幾億日圓的商品在剎那間被一掃而空。

雖然會花錢就會賺錢，但用錢如過客、花錢如流水，是終日為錢追逐，永遠留不下錢的。

每月固定存下一筆錢

但換個思考方式，如果能有複利觀念，將賺來的錢硬性留下固定的百分比，買績優股也好，買保險也好，或者存入定存也罷，總之有存才會有錢，不存永遠沒有錢。

「大富靠天、小富靠儉」是古之明訓，但透過複利的儲存，用時間換空間，複利會是讓自己致富的另一因素。

2.

態度-創造你
對財務的新認識

07 熟女理財靠智慧

現代熟女經濟能力、社會地位提昇，勢力不可小覷，但也提醒熟女們檢視自己的理財規劃，掌握「三八」原則，做個有智慧的新女性。

所謂熟女，大抵上是泛稱三十五歲以上，有獨立收入的女性。時代在轉變，大批女性進入如銀行、政界、法律界、企業界等以往以男士為主的行業，甚至因能力優於男性，受到大力拔擢，因此，台灣社會中擔任領導人的女性已比比皆是。

熟女消費市場大

所謂女性撐起半邊天，因為收入提升，且掌握家庭財務的主控權，又因晚婚及單身率（含離婚）的提高，使女性的消費能力大為提高，各企業紛紛為她們量身打造各種專案，包括信用卡、汽車、單身套房、服裝、化妝品；更因為出手的闊綽，女性對金融界的影響性甚為驚人。

但在消費力提升的同時，也要提醒熟女們，理財規劃是否

完備？對老年的安排是否妥當？萬一單身到底或離婚，是否有足夠的存款支撐自己生活無虞？

分三階段，掌握八原則

聰明的熟女應該謹慎思考才是，建議分三階段、八原則為理財指標。

·**第一階段**，是從進入社會到結婚前的單身期；要為自己的進修、成長、遊樂及理財知識而努力，且要有退休後能累積足夠退休金的目標計畫。

·**第二階段**，是三十歲到五十歲的家庭期或盤整期；這時候著重家庭的財務管理、如何累積足夠養老的錢，及如何使下一代有完整的教育經費，單身者在此階段要努力創造出足夠的養老金。

·**第三階段**，是五十歲後的空巢期或配偶身故的寡居期；子女已長大外飛，夫妻各有不同世界。單身者也要妥善調理已有的錢財，勿貪多而參加不可靠的投資。

至於理財八原則如下，提供參考。

一、先存款後花費

致富的安全公式：消費＝收入－理財。先把需要的錢存下來或投資，剩餘的部分才放膽使用。存下的錢或投資的錢經過長期效應，必然供你進入富裕人生。

二、別在賣場失去理智

節儉還是最重要的事，不要隨週年慶打折起舞，不要以美食、旅遊為豪；不要進入賣場就消失理智；忍得下眼前的隨手快感，才會有安穩的未來。

三、比外表，不如比實力

要比如何致富，如何理財，如何維護環境與增進人群和諧，而非花精力時間在閒扯，做無謂的損耗。

不要在外表做過多的投資，如美國前總統林肯所說的，「人到四十歲要為自己的臉孔負責」，對女性而言也是如此，多讀書、進修，有涵養、能付出、常微笑、多體貼，自然氣質出眾，儀態萬千，不必寶石來襯托，而且專業能力強，不怕失業及收入停頓。

四、利用保險理財

不要排斥保險，身邊要有幾個保險朋友當顧問，自己及家人的保險要顧及，醫療、防癌、養老、傷害、火險，甚至地震險、責任險都要能擁有。

五、存錢地方要對

儘可能不要把錢放在互助會裡，互助會風險太大，而且易傷和氣，利息也不見得高；你賺人家的利，人家要你的本，賺錢要安穩健康，為賺錢而睡不著，心神俱疲是划不來的事。也不要道聽塗說高報酬的投資管道，千萬記住沒有財富憑空掉下的道理。

六、養成記帳習慣

用記帳來克制花錢的慾望，透過每日的嚴格記錄，使自己的花費得到明確的指示。國家、公司都有年度預算，個人也要有。

七、克服理財恐懼

不要害怕投資、損失及風險，多聽、多學、多看，心中要有一把尺，如果不是專業的投資人，把本業給守好，把理財規劃交給專人，自己只要增加理財知識，進行審視即可。

八、定期定額的投資才是真效應

　　不要以為投資是一次拿出大筆錢，時間及複利才能產生巨大的效益。每個月定期定額的投入在安全的管道裏，複利及安全的效益最能顯現。

■ 熟女成功案例

2017年馬克宏當選了法國總統，勝選的一個重要因素是他的夫人。他夫人特蘿尼兒原是他的小學老師，大他24歲，馬克宏的專情太不可思議了，引來女性選民的傾慕和愛戴，當然最大的因素是特蘿尼兒有她的魅力和涵養，讓馬克宏不離不棄，深深地愛著她。

也是2017年的九月，一則花邊新聞轟動了台灣，一位影劇界的名女人，當年嫁了小她十歲的英俊老公，二十多年來人們看他倆的恩愛，無不視為「神鵰俠侶」的再版。

誰知暗地裡，70歲的老公有了小三，鬧得要離婚，對象是68歲的奶奶級商業人士。

此新聞傳開後，很多女士們在茶餘飯後笑説，她們受到非常大的激勵，68歲只要保養好、身材不變、觀念不落伍、談吐不差、內涵有料、財富有一些，照樣可以贏得英雄歡心，所以年紀大還受重視，妳必須好好地培養自己的實力！

08 拒絕壓力鍋的人生！

上要奉養高堂、下要撫養兒女，你是否像個瀕臨爆炸的壓力鍋？掌握知識、態度、技術、習慣四金鑰，拒絕壓力，創造愉快人生。

這一代的人會面臨一種景象：社會上，平均三個年輕人養一個老人；家庭裡，六十歲的爸爸照顧九十歲的爺爺，還要養二十歲才上大學的兒子。

退休年齡延至六十五歲

台灣早就是老齡化國家，1993年突破聯合國老齡國家定義（六十五歲以上人口佔總人口的7%）後，隨著老年人的人口比率逐漸提高，國家的負擔愈來愈重，對老人的福利和照護也愈來愈少。

有一位朋友說，他已經五十五歲，再過五年到遊樂區或公家的劇院可享免費或半價。我說，你不用高興得太早，到你六十歲時，這些優惠可能被取消或提高到七十歲了。

人口老化加重負擔

台灣的扶老比（六十四歲以下扶養六十五歲以上人口的比率）在逐年提高中，2024年後為4人養一人，2034年之後將是2.5人養1人（見表）。

被尊稱為「現代管理學之父」的彼得・杜拉克（Peter F. Drucker）所預言：「未來是終身工作的時代」，將在台灣人身上實現。

降低危機的四個CASH

該如何解決這危機呢？鼓勵多生育，年輕人的意願不高，因環境惡化、撫養兒女費用高漲、怕自由被剝奪。

現行的勞退新制是好事，但怕的是薪資會被打折或凍結，甚至公司外移喪失工作機會。

因此自己要小心，常保危機感，思考自己有沒有獨立的能力，有沒有不受年齡及環境限制的長處。

擁有四個條件，你的危機將可降低些：

．**知識**（Knowledge）──知識就是力量，你力量的多寡取決於你所擁有的知識，有人形容老人像字典，因為隨著歷練，擁有各式各樣的人生閱歷與經驗，這些知識是無與倫比的寶庫。

．**態度**（Attitude）──態度決定習慣、人際關係、財富、地位；包括你是否受人尊重、你能不能讓人跟隨，你的態度甚至決定你的事業能不能受人肯定，和吸引人投資。一個公司的主管，決定公司的格局；一個家庭的主人，決定家庭的幸福；一個人的態度，決定他的一生。

．**技術**（Skill）──你有沒有歷久彌新的技術？一位老師傅在退休後，工廠的精密機器有偏差，請他去檢修，他在機器旁邊看了好半天，在某個部位畫下記號，說是只要稍加調整即可正常運作。

果真如此，老闆要他說出修理費，他卻開出一個十萬三千元的天價，讓老闆嚇一跳，他說三千是工錢，十萬是獨一無二的技術費，讓老闆心服口服；以上這個案例，要請你思考，自己有無卓越的獨門技術。

．**習慣**（Habit）──培養壞習慣不難，培養好習慣不容易，抽煙、打牌、睡大覺、不用心、貪看電視享受，這些習慣

容易養成；倒是早起、勤勉、儲蓄、讀書等好習慣不易建立。

下定決心，拋開壞習慣，養成好習慣。雖然養成好習慣會不習慣，但養成習慣後，要拋開習慣也會不習慣，所以習慣往好方向走，你就可以有好成果。

四個英文單字的字首加起來就是KASH（音同CASH），意即你擁有了此四項條件，等同擁有現金，而且是長遠且源源不絕的，值得你再三思量！

■ 扶老比率（人口數單位：千）

年度	總人口	年成長率	總生育率	平均餘命		扶老率
				男	女	
2004	22755	0.4	1.17	73.2	78.93	13.17
2014	23104	-0.03	0.88	77.11	83.74	15.80
2024	22606	-0.37	0.74	78.73	85.28	27.61
2034	21264	-0.84	0.74	78.82	85.73	43.72

09 臭皮囊化為有用錢

人的一生為了家人，為了退休生活而忙碌，若能豁達在身後捐出無用臭皮囊，更可以達到虎死留皮、人死留名之美譽。

時代在變，觀念在變，以前說「身體髮膚受之父母，不可毀傷」，就算死都要保持全屍，現代人已可接受器官捐贈，遺愛人間，造福廣大有緣眾生。

但除了器官捐贈外，難道不能做更好的留念和功能嗎？

人生必備的八張保單

我曾呼籲人的一生最少要買八張保單。

· **第一張為父母**，「父母養育之恩」；父母恩高如天、重如山，若讓白髮人送黑髮人，或子女因意外疾、殘，導致父母無靠，留張保單回報父母養育之恩，是最起碼的孝心。

· **第二張為配偶**，「夫妻扶持之愛」；夫妻是世界上最親

49

之人，相互扶持、共度一生，缺乏保障的愛情不可靠，用一張保單去維護山盟海誓的承諾。

・**第三張為子女**，「子女培育之愛」；如今生活費用高漲，創業不易，資金難籌，父母愛下一代之情不必言喻，但留錢留產還不如留保單，來得省時、省力、省錢。

・**第四張為對抗疾病**，「疾病殘廢之憂」；醫學進步，疾病並不再難治，但費用卻已水漲船高，不為疾病預存準備，萬一重疾傷身，久病床前無孝子，苦了自己，也拖累了家人，因此這張保單省不了。

・**第五張為償債**，「償還債務之需」；國人購屋置產的觀念根深蒂固，但大部人都是以貸款購物，償還年限高達二、三十年，期間若不幸發生事故，喪失繳款能力，辛苦買下的房屋即遭法拍，努力化成泡影。

・**第六張為賦稅**，「賦稅儲備之要」；辛苦了一輩子累積的財產，卻讓繼承人因沒有現金繳稅而奔波籌措或大打出手，現代人的重要理財觀念之一，即是用保單預留稅源。

・**第七張為自己**，「退休養老之志」；退休金要寬裕，別造成子女壓力，別讓自己老而無尊嚴。有計畫的提存，才有安

全無憂的未來。

‧**第八章為社會**，「社會回饋之用」；虎死留皮，人死留名，用一張保單小小的費用，即可遺愛人間，受人敬仰。這也是集合小錢的力量造成偉大效應的一個方法。

臭皮囊化為有用金錢

假設將身軀設定為保險標的，約定身故後，將理賠金捐給如公益團體、宗教和學校等特定對象，即可將身後無用的臭皮囊，化為有用的金錢。

近年來重大災害不少，民間踴躍捐輸，卻普遍對公家機關觀感不佳，認為錢捐給政府也無法發揮太大功效，反倒是對於一些宗教團體、慈善單位存有無私積極、值得信賴的印象。

可惜宗教團體、慈善單位在協助災區民眾的經費也不甚寬裕，民間捐款有時緩不濟急，若是有固定可挹注的費用進入，積少成多，積沙成塔，功莫大焉。

保障家人，也要遺愛社會

我和多位朋友談論過，大家都有相同的認知，他們認為豁

達地將身後保險金捐出，或把平時幾杯咖啡錢或零用金累積提撥，即可行善積德，何樂不為。

設若以每月1,000元的零錢配合生命為標的，二十年期的終身保障，至少可以在臨終時發生五十萬元的效力；以團體定期保險來做保單捐贈，一百萬的保額一個月只需100多元。

當然，若要將身後的保險金全數捐給公益團體，捨小愛就大愛，並非人人有此修為，或者可以約定萬一身故時，一半留給家人、一半捐給指定受益機構。

我公司的黃副總刻意購買一張3千萬的高額意外險，他將受益人填給十二家慈善機構，萬一有意外時，每一家有250萬的保險金，這是真豁達、真大愛！

小錢匯聚成大能量

如果受捐贈的團體，如教會用墓園安身、寺廟得以用牌位、唸經、超渡做回饋，或者提供如生前契約的往生儀式，一方面讓捐贈的家人起歡喜心，捐助人亦更是覺得物超所值。

每月1000元沒什麼大功能，但有了五十萬功能即大大提升；如果百人共襄盛舉，即有了五千萬之款；若萬人同意，便

有了五十億之鉅款。

這也是保險功能的一個偉大之處！

■ 保險捐贈

這是一個新的行善方法，人人做得到，可以達到「留下遺愛，不留遺憾」的偉大善行。

用槓桿原理，把保單滿期金或理賠金的一小部分，指定給你要幫助的公益機構，或學校、養老院、醫院、孤兒院或宗教團體。

「保單捐贈」在歐美已是常態，而且行之多年，造福無限。

香港從2005年開始提倡，已有近萬件登記「保單捐贈」，金額達到港幣兩億多。

台灣這幾年亦有愛心人士自願捐贈慈善機構，已有數百件，但對為數眾多的弱勢族群，我們應該更努力去呼籲推動！

10 | 怡情養性也可以致富

投資藝術品成為近年流行的一種趨勢，但是短期買進殺出獲利不高，應該長期觀察，待物品價格上揚才能獲利。

我有一位好友曾經懊惱地對我說，因為他的不識貨，缺乏藝術欣賞的眼光，以致於少了千萬的財富。

不識貨，痛失名畫

二十幾年前當他準備要結婚時，他帶著太太向老師致意送喜帖，老師當場要他從一卷卷的畫稿字帖中挑一幅當作賀禮，老師推薦一幅未裱褙的黃君璧山水畫，但他覺得另一幅字畫較合宜。

經過二十多年後，字帖還是掛在客廳裏，雖然有氣韻，但毫無價值可言，黃大師的山水畫卻節節攀升，曾有鑑賞家估值他的作品一幅在千萬台幣以上。

別埋怨玩物喪志，「琴棋書畫詩酒花」，有時也能從中開

發出相當大的價值與利益，即便眼前毫無利益可言，拿來欣賞把玩也是美事一樁。

投資藝術品要長期

十多年前，台灣的郵票市場因印量過高，一度價輕崩盤，但沉潛多年後又一飛沖天，在這段期間，集郵人完全是自娛修身，樂在觀賞中，愛在方寸裡，心中無郵價，待時機一到，待價而沽，本金利息全部入袋。

藝術品也是一樣，只管收集欣賞，價值永遠在，我曾對一位開餐廳的朋友建議，餐廳裡別掛複製畫或低廉的路邊油畫，去畫廊買名氣尚未突出的青年畫家的作品掛上，不但格調不凡，感受強烈，日後若是畫家成名，這投資立即水漲船高。

他問：「要是此畫家被埋沒在畫壇中，我豈不投資失利？」我言：「光讓你店裡吸引人氣，而且可以長期保存，即是獲利。」

挑選眼光要精準

三十年前，我前往朋友開的畫廊捧場，雖不懂畫作行情，但覺得台灣老畫家勢必凋零，其作品長期看漲，且老畫家們功

力深邃，光是欣賞即已物超所值。於是陸續購入楊三郎、洪瑞麟、賴傳鑑等實力畫家的油畫，當時一幅不過十多萬。

這些畫掛在家中，真的是氣質非凡、格調大增，而且經過十數年後，價值已水漲船高。

我曾經將一幅楊三郎的油畫捐給慈濟做為醫院建設基金，義賣價格近百萬。有人問我，收藏那麼久的名作怎麼捨得割愛，我卻認為這只不過是把小愛化為大愛而已，自己欣賞不如移愛千萬人，一點不捨之情都沒有，反而充滿了滿足與快樂。

投資股票、鈔票，雖可致富，但總是銅臭味重了些，投資藝術品雖是雅人之興，但也不失為投資理財的一個選擇；鈔票、股票有時不能示人，但藝術品卻不同，不但公司、家中可珍藏，也可當佈置品而展示，品味自是不言而喻。

11 把錢用在對的地方

　　賺錢、花錢，更要會用錢，你用錢的態度，決定了錢的價值，把錢花在對的地方，付出的金錢會得到回報。

　　一位父親去探望服兵役的兒子，連長向他說：「你的兒子很聰明、也很盡責，對同袍有情有義，但是有一個相當大的毛病。」

　　父親緊張地問他：「什麼毛病呢？」

　　連長說：「他的毛病就是太會花錢了！別人休假出去搭公車，他來回一定都叫計程車；吃東西他要請客，不讓別人出錢，這樣花錢怎麼得了？」

　　這位父親聽完後，如釋重負的笑著說：「我還以為是什麼不得了的大事，他這些行為都是我教的，我是個建築商，未來整個公司要交給他，我的每一筆生意都是好幾億，我怎麼能讓他因為計較小錢而失去大生意呢！我還要他廣交朋友，多攏絡人心呢！」

看錢太重，財富無用

《史記》中記載了一段「范蠡救子」的故事，內容是說范蠡的次子在楚國犯了殺人死罪，他本來要三子帶著兩萬四千兩黃金去營救，但長子執意要去，說是身為長男，連救弟之責都做不到不如自盡，范蠡勸阻不了，只好依他。

但長子最後還是達成不了任務，帶著弟弟的屍體回家，家人都很悲傷，范蠡卻冷靜地說：「大家不要悲傷了，這情況我早就料到了，大兒子不是不愛弟弟，只是他從小跟在我身邊創業，看錢難免較重，無法捨棄黃金去救人；小兒子出生時家境已富裕，不知賺錢不易，揮霍自如，所以他應是較能達成任務的人；這就是我之前欲派遣小兒子去救人的原因。」

錢花對地方，遲早回流

台灣某家族在金融界企業界甚有影響力，他們擅長於人脈經營，家族大家長早在第二代年幼時，就將之帶在身邊，學習待人接物的方法，孩子們看到父執輩過年送禮一送大半個月，所花的時間、體力、金錢為數龐大，但經營出來的成效顯著，自然銘記在心，日後傳承效法，累積起雄厚的人際網路。

一位企業家曾對我說，他出國購物是為了送客戶，分門別

類，依喜好、交情和價值，他說，雖然錢沒花在自己身上，但最後還是都回來了。

另一位成功的保險主管，他最喜歡送書給同仁，他還大肆購買演講會的入場券，鼓勵同仁去進修，他說自己的投資是值得的。

用錢的態度，決定人的未來

昔日的「上海皇帝」杜月笙未發達前，投靠在「流氓大亨」黃金榮門下，黃金榮想交棒，挑出三個人選，他給三個人各一大筆錢讓他們自由運用，然後叫人在後面監視他們如何用錢，其中一個將錢存入銀行；另一個呼朋引伴揮霍一空；杜月笙則是拿去救濟昔日貧困的鄰居、街坊。

黃金榮知道後，依照三人個性各賦予重任，把錢存入銀行的人，讓他當帳房管財務；揮霍一空的當教頭，負責帶兄弟爭地盤；杜月笙心胸廣闊，適合接棒帶領大家。

錢會助人，也會害人，用錢的態度，決定錢的價值！

12 長壽十要

長壽心願，十要須俱全；十要俱全，快樂又保健。

誰不想健健康康、快快樂樂的長壽一生呢？但放眼這世界，恐怖的天災、人為的地禍、難以想像的意外、五花八門的疾病，能作為人瑞該是邀天之幸吧！怎樣以人類的體能活到人人稱羨的長壽之年，其實並非難事，提供你一些長壽法則供參考：

長壽十要

*一要多積陰德天保佑

俗語說：「人不照天理，天不依四時。」人若依天理運行而作，天豈有降禍之理。因此順天而作，造物積德，常秉方寸良心助傾扶弱，達長壽之境當是天理。

*二要嘻嘻笑笑眉莫皺

心胸廣闊、開朗熱情，非但人人喜親近，自己都好過日

子；不計較，不因事煩而生躁；不嚴肅，嘻笑之間大家都快樂，也不要太快作決定作判斷，因為太主觀有時會出錯。

一位大嬸在公園逛，看到一老先生用大筆揮毫，她好奇靠近，這老先生看她一眼後，寫了一個「滾」字，她嚇了一跳，怎麼了？再走近些，誰知老先生又寫了第二個字「滾」，她忍不住了，一腳踢過去，把老先生踢倒。

公安過來問是何因。老先生說，他只不過是寫羅貫中三國演義開卷詩「滾滾長江東逝水……」才寫了兩個字，誰知大嬸飛踢他。

大嬸的急躁讓她出了錯，該引以為戒！

＊三要遠離色慾如仇寇

一次到新北市的名勝區「九份」時，看到路邊電線桿上貼一警世文「娶妻無閒一天，起厝無閒一冬，娶細姨無閒一世人。」家中不和多因喜近色慾，人之不樂也為多近物慾有關。

＊四要三餐量腹依時候

不貪吃、依腸胃運轉之時而吃，不讓腸胃負荷過重，也不要使之壓力刺激，該食而食、該排就排，晚上不吃宵夜，盡可

能不在八點以後吃晚餐。

飲食不急躁，細嚼慢嚥為王道。當年飾演楚留香的大明星鄭少秋，為人隨和不擺架子，他接受拍片邀約有一個特殊條件，就是吃飯不能催他，他每一口要咀嚼25下，怪不得已入耳順的他，還是玉樹臨風，精神奕奕！

* 五要熱身莫教風寒受

把身子調理好，保健足自不受風寒侵犯。名醫孫思邈有養生十三法當作健身用。

髮常梳、目長運（眼睛多運轉）、齒常叩（上下叩敲）、漱玉津（吞下口水）、耳常鼓（耳朵長敲）、面常洗（用手掌撫臉）、頭常搖（搖動脖子使之靈活）、腰常擺（搖擺腰子使之靈活）、腹常揉（按摩小腹）、攝谷道（提肛）、膝常扭（膝蓋扭動）、常散步、足常搓（摩擦腳底）。

* 六要出言行事具從厚

仁心宅厚，對人謙恭，口出善言，人見人愛。有一國外之寓言，有三修女信仰虔誠，上帝許之從高山縱跳後，口出要變成何物必能實現，第一位修女奔跳大叫「Bird」，立刻變成一隻快樂飛翔的鳥，第二位修女也奔跳大叫「Fish」，當下變成遨遊的魚。第三位奔跳出去時，不慎踢到路邊的石頭，脫口即

出「Shit」，立刻變成一堆糞便。這雖是笑話一則，但莞爾之餘，也要警惕這是因為平日髒言順口之故，因此心好即口好，不可像有些人說的「那個人是口氣不好，但心地可好的很」，心口如一才值得尊敬。

＊七要大小物命都憐救

上天有好生之德，物命也皆有生存之權利，但人因滿足口腹之慾不惜大動干戈，以致生靈塗炭，腥風血雨。為全己德也當心存憐憫，大小物命都相救。

＊八要書茶花月隨前後

古人有詠嘆人生無常之詩：「琴棋書畫詩酒花，當年樣樣不離他。如今七事俱變樣，柴米油鹽醬醋茶。」生活固然不易，無法順心愜意，但該放下時學習放下，該看開時就放開。

＊九要諸般省儉常守舊

古訓有言，一生用多少吃多少，皆是天注定。年少不節制而大肆揮霍，年老當無物可用，平日節儉持家，當累物聚財，修德積福，老年自是安逸。

＊十要早睡早起神不漏

依中國自古流傳的氣血循環之理，晚上十一點氣血走肝經，應平躺讓肝膽休息好排毒，再造明日之活力。但現代人熬夜成習、晨昏顛倒，器官無法和緩再生，人哪能健康長壽呢？

若摒除外在的威脅，依此十要調整好行為心性，長壽健康俱存矣。

■ 長壽十要

一要多積陰德天保佑
二要嘻嘻哈哈眉莫皺
三要遠離色欲如仇寇
四要三餐量腹依時候
五要熱身莫教風寒受
六要出言行事具從厚
七要大小物命都憐救
八要書茶花月隨前後
九要諸般省儉常守舊
十要早睡早起神不漏

3.

分享-幫你揭開
富者恆富的秘密

13 捨得，得更多

報稅時，捐贈的款項也是列舉扣除的一個項目，如果連政府都鼓勵民眾做公益，有捨（捐贈）、有得（少繳稅），我們何樂不為呢？

佛教《四攝法》裡談的是－愛語、同事、利行、佈施。

上天賜予的財富要用於社會

佛教經典中的《善生經》曾提出理財觀，其一是獲利要做四分用，一分生活日用、一分用於置產、一分儲蓄生息、一分佈施結緣。

基督教義裡提出將十分之一的收入做回饋，就如農人將收成的十分之一埋回土壤裡，保留十分之一種子供來年播作；田地十年休耕一年，好讓土地生生不息。

美國「鋼鐵大王」卡內基曾說過：「多餘的財富是上天賜與的禮物，擁有者有義務將之用在社會上。」

古人也說：「捨得捨得，愈捨愈得。」如今的社會貧富懸殊，貧者失業、卡債逼人、入不敷出，既不知今日如何安然度過，更遑論明日該何以自處。

回報社會讓心境踏實

富者日進斗金，投資金額日益擴大，生活物質層面愈拉愈高，住屋價值不以億計不足為高貴，休閒娛樂動輒百萬仍不以為意。

貧者心哀，富者心虛，哀者圖溫飽而不能，虛者實應以回報社會恩而讓心境踏實。

幸台灣福地善良者眾，多得是濟貧扶弱之團體，多得是危難中伸手之富人及固定助善之中階人士，還有更多是為善不欲人知、默默耕耘的人士，他們出錢出力，樂在行善，讓貧病老殘有所依，不致流離街頭。

龍交龍、鳳配鳳，善類會聚合，好風氣也會相投。

付出是得到金錢的最好方式

美國知名作家拿破崙‧希爾（Napoleon Hill）曾經用二十

五年的時間，研究五百位超級有錢人的生活，而他得到了一個結論，那就是：「獲得金錢的最保險方式，就是樂於捨得助人。」

英國知名保養品牌美體小舖（The Body Shop）創辦人安妮塔・羅迪克（Anita Roddick）曾說過，「金錢對我來說沒有任何意義。」並宣布要將全數財富捐出做公益，她過世後遺囑曝光，外界發現她果真早把出售品牌所得的五千一百萬英鎊（約三十億元台幣）財富捐出及繳稅，留給兩個女兒遺產為「零」，但她的兩個女兒都公開支持她的決定。

一億也不過是帳面數字

就像比爾蓋茲所講的，當你有一億美元時，你就明白這不過是帳面上的數字符號，沒有多大意義。慷慨捐款是美國億萬富翁不成文的傳統，是成功企業家得到認同的標準，也是良好的精神風範。

已故石油大王洛克菲勒的基金會至今仍有巨大影響力；比爾蓋茲將所有財產全數捐入他們夫妻所設立的基金會，是世界上最富有的慈善組織，巴菲特因為認同比爾也捐出219億美金放入此基金會中。

佈施的人有福，能施者代表有錢、有能力，比一般人有更多的生命力，佈施的人表現做一個社會人的社會責任和負責態度，佈施的人讓更多民眾瞭解我們是活在一個互相連結、相濡與共的美好世界裏。

　　我們應該相信，因為能付出，世界會更美好和長遠，本身的財務會更亨通且健全。

■ 生命的核心價值

基本信念
核心願景　　　價值觀　　　為人處世
　　　　　　　　　　　　的態度

14 福報是財富的入場券

　　人人擠破頭的好企業，通常也熱心公益、扶弱濟貧，累積了好口碑，自然吸引優秀人才，增加企業利潤，所以要積財前先問有無積福。

　　在《了凡四訓》中有這樣一段記載，一位張姓考生落榜，破口大罵考官有眼無珠，一旁有個道人說：「必是你文章不好，作文章貴心平氣和，你心境不平，文章怎會好呢！」張生慚愧，請益如何上榜。道人說：「能不能考上靠命運，命不該中，寫再好終究無益，自己要改變。」

有心就能行善

　　張生問：「即是命運，怎能改變呢？」道人說：「命是上天賜，立命卻靠自己，常行善事，廣積陰德，沒什麼福份不能求的。」張生又問：「我沒錢，如何行善？」道人說：「行善積德都由心造，長存善念功德即是無量。」

　　《阿彌陀經》裡說道：「不可以少善根福德因緣得生彼

國」，意思是指到極樂世界需要具足福德因緣，福德因緣是通往佛境的入場券，入佛境如此，在人世間成就各事業，更是不能不俱足福德。

要積財先問有無積福，積福的捷徑便是聚德，道德操守愈好，福報自然大。

好企業益世惠人值得尊重

有道德之人，行商不欺人，不做損人利己之事。人人擠破頭也想進入的企業，通常具有益世惠人之理念，有同仁、股東、社會皆贏的願景，加上積福、造福的文化和負責任的品質觀，此類的企業除受到尊重更可傳世。

企業的經營，穩健正派最重要，經營者的初發心最可貴，能受尊敬的企業，大抵是有一心為公、坦蕩無私的靈魂人士在領導，觀察中外的企業領導人，他們莫過於熱情宣揚人的價值觀、企業的文化、回饋社會的善念和善行。

「善有善報」，愈是投入社會公益、扶弱助貧的企業愈是能長久於世。

瑞士伯爾尼大學心理學家經過科學實證後，證明「因緣果

報」、「善有善報，必定會報」。實驗者坐在電腦前，他可以將虛擬錢財送給他想贈送的對象。螢幕上顯示他捐款紀錄，他也有「進帳」，但不會顯示來處。經過一段時間後，電腦顯示捐款最多的人，反而因進帳而累積了最多的錢。這實驗說明了一個人做了慈善行為，即便不能直接受報，也會從第三者回報。

曾有位善心人，三十年前以五千元濟助潦倒的年輕人，三十年後，這年輕人事業有成，登門送上一百萬元致謝，但這善心人婉拒，後來用一百萬元成立基金會，幫助了更多急需救援之人，一算之後，竟有數千萬元的效果，與五千元相比，「投資報酬率」大得驚人。

「家扶中心」幫助過的人們往往在脫困後，會直接投入慈善陣容，出錢出力，對社會的影響性功效卓越。回饋心等於是償還借款，但利息卻翻滾不停，創造難以估計的成果。

■ 善行的影響力難以估計

行善就如同從井中汲水，水愈汲愈多，愈多愈甘甜，汲出來的水播灑田地，種子受益成果實，一顆果實有幾粒子容易算，但一個種子能長多少果實，卻是綿延難數。

15 身心靈健康就是財富足

身體強健正是安康之本，降低壓力自得安心平順，樂觀熱情才能人我兩利。

科技時代，資訊發達，取得讓自己富足的方法多不可數，要說找不出方法，應該是自我封閉、不用大腦之故。除了財富豐足外，身心靈健康也是取得一個用之不盡、取之不竭的寶藏。

身體要健康

因為身體健康，不用花錢找醫生，無需擔心龐大醫療費用，本身不愁，家人也無慮，金錢不失即富足。要想身體健康，方法也多的是。氣功運動、休閒娛樂都可使身體健康，關鍵是持之有恆，不可一天打漁，三天晒網。除了讓身體強健外，內在的調養不可少，如今體內環保盛行，利用有機食物、素食、蔬食、斷食等方法，讓器官可以恢復良好的疏解功能，自是長保安康。古云「腸中無食，百毒不侵」。

心理要健康

心理健康要先摒除空虛無聊的生活，有些人退休後大隱於市，不再與人來往，結果是斯人憔悴、人我兩厭。因此建立起健康的心理，得先從建立豐富的人生目標開始，如無財務壓力，更是要嚴定生活目標。

我有一個朋友在退休後給自己定下一些目標，他挑戰一年當中聽一百場演講，登一百座山，看一百本書，抄一百篇《心經》，每個月做一百件好事，每日行萬步，每三年學一樣新事物。

他說演講活動到處有，各行業成功人士的經驗惠人良多，雖不用再到商場拚鬥，但別人的奮鬥故事使人血液澎湃；現在聽演講更簡單，手機或iPad即可看到實況或錄影的項目，省卻相當多的時間。

登一百座山不難，大小山岳友朋期約不斷，有時一天或一次可翻越好幾座山頭。每登山巔，綜覽群山平野，心中常湧現寬廣喜樂之氣，人世間之困頓灰黯剎時全消，登山之樂樂無窮，沒有登山習慣之人難以體會。

看一百本書或雜誌不難，少看電視，少無所事事，隨手一

卷即樂在書中，台灣一年出版五萬多本書，書店、圖書館、咖啡廳盡可瀏覽，喜歡的帶回家，價低益高不亦樂乎；值得反覆推敲深讀的書，不是大力推薦，就是重點影印贈送，拜科技之賜，他還可用E-Mail、臉書、微信等電子平台傳出內容大綱與好友分享。

抄一百篇《心經》也不難，每篇約半小時可完成，一筆一劃工整安定，自是富足順心之道。抄《心經》淨心情、起安樂，他將抄好的《心經》護貝送人，所得之人無不歡喜，又是功德之作，人我兩利。

每個月做一百件好事更容易，有心要作不用擔心沒機會，路上拾空瓶、學校做義工、廟宇當志工、勸阻惡語相向的鄰朋，吃素食，帶手帕不耗擦手紙，帶環保杯不耗寶特瓶，帶環保筷不用一次性筷子，不拿塑膠袋。到便利商店隨手捐零錢，捐發票，捷運讓座給老弱，接路邊發傳單人士的文宣，這都是簡單易行的善行。養成行善的習慣，讓你更陽光，更快樂！有心做好事，到處是機會。

至於日行萬步，他用運動手環作統計，一萬步相當7公里左右，對他而言是容易的事，手環裡還有五百多位朋友和他作步數比較，雖不見常可奪冠，但他對步數比他多的朋友按讚以示恭賀，對比他差的朋友也按讚以示鼓勵，有來有往，每天都

有三四十人對他按讚，熱情相待，天天樂在其中。

　　每三年學一樣新事物，他去社區大學學合唱、書法、交際舞、薩克斯風、手風琴等，三年多一種新技能和新樂趣，生活多采多姿，朋友也樂得和他往來。

　　就這樣將每一年要做的事先規劃好，寫在自製的手冊裡或手機裡，照表抄課，追逐運行有序的豐富生活，樂在其中。

靈性要健康

　　靈性充實，萬物皆在胸襟中。多交往道德修養之士，多參與靈修場合，多提升自我修行之氣，日子自是綿密充實。參與佛七、禪坐、法會，參加助念團、念佛會，對人有利，對己無害，來往又大多是淨修平實之同修，不計俗世之名，不談社會功利，不爭不奪，日子充實，皆大歡喜。

　　身心靈三者健康，雖不致於一簞食一瓢飲，但最起碼已是健康無慮。開銷少，即是可用資金多，心安氣和便是最富足之人。

16 肯佈施的公益生活多美好

若為己找錢，錢是苦來源。若為人找錢，錢會源不絕。

努力工作是為了提早退休，退休後若還工作則是為了公益。這樣的生活充實，退休日子會好過；助人為樂，目標清楚有意義，病痛會遠離，家庭能和樂。

真誠助人 活力心更寬

蘇先生五十出頭即從貿易公司退休，成立了慈善基金會，邀了幾位社會名流及好友擔任董事，我也忝為受邀。基金會的主要工作由他自己和太太擔起來作，也沒要求董事捐獻，從發放貧戶慰問金、日用品，到頒獎學金給清寒學生，重點支持優秀的學生和法師出國深造。不求出名，不盼回報，整整十五年，一結算用了四千五百萬，平均一年三百萬。

作了那麼多的善事，社會局的主管都讚譽有加，發放這麼高的金額，想來著實不可思議，連蘇先生、蘇太太都想不出錢從何來。真心佈施，人助天助，無限力量，源源不絕。

日前還看到一位李先生，全省監獄社團無償演講，十餘年來已逾千場，既沒有因為沒全心在工作上打拚而使生活發生困難，反而精神好，活力讓心更寬。

另一位林董，號召眾人抄經增添大地能量，他自己以身作則，在一天中「心經」可抄二十篇，金剛經、地藏王經、藥師經、普門品不停於手，若有人需要為家人添福祈壽或消業，他樂得用經文佈施。

落入貪慳　便心情不安

台灣是人間福地，多少退休人員投入社會公益，嘉邑行善團舖橋千座；慈濟、佛光山、法鼓山等義工在為社會作事；一貫道、慈惠堂、天主教、基督教等也在濟貧扶弱；還有多少不願出名的團體默默出錢出力。

這麼多的人樂於為弱勢族群付出，這麼多的人齊心為關懷別人而努力，大家無求無悔，義行可達天庭，雖說台灣政治紛擾不寧，環境維護不佳，但整體而言，台灣仍然是安和樂利，民豐物饒。

年紀大最怕落入貪慳之道，人一貪慳即易計較，一計較便心情不安。一人不安，全家皆愁，周遭親友連帶受苦。多少家

庭問題，代溝不良，婆媳不和皆源於看不開和太計較。

三種佈施　啟動新生命

　　年紀大應從自我調適開始啟動新生命，能佈施是最好的生命表現。眾人皆知佈施有三：「法施、財施、無畏施。」看得開，不緊抱一輩子賺來的錢，也不用斤斤計較，非子女繼承不可。

　　比爾蓋茲是世界首富，很早以前即說日後僅願留一億給下一代。美國的一些基金會，如洛克菲勒、卡內基，救援第三世界國家動輒數億，這都是看開的富豪不遺害下一代的英明作法。台灣富家也有基金會，但大抵是為本身家族節稅為首要，難以盡情造福人群，不過這幾年甚多科技新貴已覺財富來之太易，覺悟捐助或提拔弱勢族群為要。

　　法施者，以言語助人，激勵失意頹喪之人，事業有成退休者最是人生福報，有此福份不可不自珍，且已看盡人間悲歡離合，也知奮鬥之奧妙和過程，大可將本身境遇回饋社會大眾，多一人因你之良言美語而轉境，你即多一份幸福和安康。

　　無畏施者，義工志工之樂施者，不必在乎本身有無財力佈施，也不在乎口才之良劣，行動之付出即是讓人間充滿溫暖，正是有錢出錢，有力出力之美德善行。

17 生活・簡單就是美

追求物質的時尚潮流，小心！趕在浪頭上的永遠跌的最快。

老子《道德經》第十二章裡寫道：「五色令人目盲；五音令人耳聾；五味令人口爽；馳騁畋獵，令人心發狂；難得之貨，令人行妨。是以聖人為腹不為目，故去彼取此。」意思是說，追求外在的形形色色總無止竟，貪圖物慾沒有停止之時，唯有用簡單且適合自己的生活方式才是正途。

追求新鮮沒完沒了

在快速變化的科技時代裡，唯一不變的真理就是「變」。目前的五年發展相當於是過去一個世紀的差異；付款方式現鈔不見了，無人車出現了，機器人大量湧現，更多你想像不到的科技用品或觀念出現了！

但追求新鮮永遠沒完沒了，人生難道只能無止境的陷入物慾和繁複嗎？難道不能簡單、平淡的過日子嗎？已有很多人回

歸田野，到山上、鄉下或大隱於世；也有很多人略有成就或是攢了足夠的養老金，即急流勇退。你或許還不能遠離塵囂，或許還未到離開職場的時候。但改變生活型態，先讓生活平淡簡單，應是可做之事。

百萬富豪從儉作起

1998年的紐約時報暢銷書《你身邊的百萬富翁》，記載著身價數十百億的富豪他們的日常生活，發現他們多是極盡節儉之能事，根據統計，百分之三十七的富豪們開二手的福特車，百分之八十五會剪超級市場優惠券，他們的西裝平均不超過美金四百元，購物前會先擬好購物清單。

一點節約助人助己

我們看到了許多叱吒風雲的企業人士，後來潦倒不堪；我們也可看到藥廠、證券、保險業務人員年薪百萬以上，一轉眼間失去了棲身之處，甚至負債累累。可是很多收入不高的公教人員，不但可以買房子、送子女出國，還有不錯的養老金。為何會有這麼大的差別？大抵是因簡單生活的人會儲蓄、會節儉。高收入的人仗恃著收入豐厚，對未來沒規劃，不衡量開銷，甚至為求奢華的生活拚命刷卡，利用槓桿作用以債養債。

一位旅人在印度的貧窮村落，看到一位母親親手將兒子的手砍下來，只是為了兒子殘障好行乞以貼補家用；路旁處處可見一群殘廢且衣衫襤褸乞憐要食物的小孩，他大為痛心，不顧旁人勸阻，花了一點買無謂紀念品的錢，將麵包店的麵包全買下來，分給小孩子，看到他們歡欣感恩的神情，他頓時熱淚盈眶，為自己平日的揮霍感到可恥。

你也許想不到，小小的節約可以幫助這麼多人，少少的儲蓄可以累積多麼豐厚的資產，還是簡單的生活最美好吧！

■ 斷、捨、離

1. 不要在錯誤的問題中去找對的答案
2. 人生的結果是你在做決策時的結果
3. 不要因為遲到而失去你誠信的形象
4. 好或不好的習慣都是後天培養來的
5. 簡單的生活會得到豐厚的心靈回饋

4.

累積-你的頭腦
決定你的口袋

18 良善循環得更多

老天是公平的，有一句話說：「上天把錢給會用錢的人。」

你是不是一個會用錢的人，自己評估反省吧！

你是否視錢如命？你懂不懂分享體恤？如果你不曾努力地去思考錢應從哪裡來，也不去想錢往哪裡去；如果你揮金如土，隨手揮灑不知節制，想想看，你會是一個有錢的人嗎？你該有錢嗎？你有福份得到龐大的財富嗎？

先能捨　方能得

台塑集團創辦人王永慶在生時，一條毛巾操所用的毛巾，用了十幾年捨不得丟。平時自奉甚儉。

已故的英業達集團副董事長溫世仁，出身雖然窮苦，但他曾說：「我這一生賺這麼多錢，做生意就到五十歲為止，五十歲以後，我要做一件你們都做不到的事，就是把錢花掉，回饋

社會。」2000年他到大陸最貧窮村落之一的甘肅省黃羊川鄉拜訪，形容自己看到當地居民一窮二白的生活時「眼淚都要掉下來」，溫世仁說當他要花一百元他都捨不得，因為一百元可以讓黃羊川的小孩生活好多天。

悲天憫人的胸懷是讓人更珍惜財富的原因，懂得「捨得」的人會擁有心靈的富足，心靈富足的人老天爺才會給他更多去佈施。

先問因　再求果

佛家三世因果說的明白：「欲知前世因，今生受者是。欲知來世果，今生作者是。」所有行動都會產生不同的後果，每個行動也會產生不同的反應；沒有偶然的成功，也沒有僥倖的成果。

如果你願意學習成功人士的做法，以他們的行為舉止作為你效法的對象，有朝一日，你將會成為另一個成功者。

如果你願學習王永慶、溫世仁，便會生活單純，自律嚴明，克勤克儉，勇於事業。具備這幾個要素就等於往成功的途徑邁進。你想成功，非得努力表現自我不可。如果你是個創業者，你的工作時間就必須比員工多，他們一週可以工作三十五

個小時，你非得工作四十小時以上不可，若每週工作在四十小時以下，只是生存與生活，超過四十小時是為了讓生命有光輝。工作愈是努力，運氣便愈好，這是成功的鐵律。

要是你是個拿薪水的人，你就要想辦法讓老闆知道，他所付的薪水絕對值得與划算，你的付出遠遠超過你的薪水。當然努力不會白費，愈不計較愈會有成就；亞都麗緻飯店總裁嚴長壽在十年前當美國運通的小弟時，自願在午間接電話值班，別人怕接到老外電話，他卻當作免費的英語學習課程，別人休息去，他可以練習電報機（當時沒有電腦和傳真機）。

嚴長壽逆向思考，認為有練習的機會，還可以拿到薪水，因此他更感恩地去努力，果然沒幾年，他學得比別人多，績效比別人好，在不重學歷的外商公司裡被拔擢為總經理。

先盡力　後積福

努力永遠不會吃虧的，因為學習永遠在累積自己的能力。心存感恩，感謝你的老闆、你的同事、你的員工、你的客戶、你所有碰到的人，你全心投入，全力把你的事做好；你勇於表現，格局夠大，你的成就只會更好。

善的循環帶來善的成果。老年生活要富裕，即是如此。

19 老來別說「早知道！」

看開、想開，加上有計畫、有準備，老年生活就可以有尊嚴和樂趣。

「千金難買早知道，萬般無奈想不到。」太多太多的懊惱、太多太多的追悔、太多太多的悲憤。

不要說早知道

…早知道當年不要太奢侈…

…早知道當時懂得儲蓄…

…早知道當時選對了股票…

…早知道我在大學裡不要那麼貪玩…

…早知道我選擇的是有錢人家的女兒…

…早知道我不貪心…

…早知道我不失敗…

台諺說：「要說好加在（幸好知道），不要說早知道。」追憶已無意義，人生可以再開始，但不能常常開始；錯誤可以

改過，但不要一錯再錯，執迷不悟，而經常重作。

為未來做準備

子女如己，留財何用；子女不如己，留財更無用。所以規劃不是為了身後事，規劃是正如胡適博士所謂的：「年輕時為年老做準備，有時為沒有時做準備，身體好時為身體不好時做準備，為人父母為子女做準備。」依據這四點，每個人都要為自己的行為負責，為自己的一生努力。儘早清楚自己人生的目的及定位，知道自己要過什麼樣的生活，要為未來做準備。

提供幾個建議給朋友做參考：

＊努力工作是為了提早退休。退休後還工作應該是為了公益，而不是糊口：因此要壓縮時間，現在不努力工作，以後要努力找工作。

＊終身致力節稅。賺得夠多才會想到節稅，為了要節稅，自然會去研究理性財務規劃，賺錢是技術，節稅是藝術，是重要的學術。

＊把一部分的錢定時定額投資。投資的錢當作已用掉，你不會感到損失，但時間的累積會變成一個有效的資產。

＊養成儲蓄習慣。培養習慣不容易，可是當習慣建立後，要再改回來也不容易，最好把儲蓄及愛護錢財當作重要的事情去看待。

＊用保險保護資產。保險是目前最有效的資產保護工具，不會應用保險來保護財產的人，會帶來更大的損失。保險不是有智之士的專利，任何人都需善用它。

＊準備一筆急用金。絕對不要孤擲一注，預防在最糟的狀況下，還能有一筆可掌握的現金。

＊隨時補充理財知識。理財知識的日新月異，已不是故步自封的人可以理解的，只有跟得上潮流才可保全自己的安穩。

＊多認識夠格的財務顧問師。讓他們代表我們保護資產的完整，讓他們提出讓我們資產增加的方法。

＊趕緊立下遺囑。只有立下遺囑，你才可以高枕無憂，你也才可明確掌握自己努力成果的動向。

掌握機會　你會創造歷史

歷史不可能再回來，掌握機會，你會創造歷史；不掌握機

會，你會成為歷史。趁還年輕力壯，神清氣爽，趕緊掌握有效思緒，為自己的未來開創新生命。

■ 再一次叮嚀：

1. 努力工作是為了「提早退休」

2. 終身致力「節稅」

3. 把一部分的錢「定時定額投資」

4. 養成「儲蓄習慣」

5. 用「保險」保護資產

6. 準備一筆「急用金」

7. 隨時補充「理財知識」

8. 多認識夠格的「財務顧問師」

9. 趕緊立下「遺囑」

20 | 與專家為伍

可以苦一時，不可苦一世；人生可以重新開始，但不可以常常開始。

看一個人是否成功，看他身邊是什麼朋友；一個人有多成功，看他平時是如何接人待物。

想賺錢要向會賺錢、會理財的人學；想要把企業經營順暢，必須有企劃、行銷高手提議獻策。

跟聰明的人合作

鋼鐵大王卡內基墓誌銘：「這裡躺一個人，他的一生懂得跟比他聰明的人合作（Here lies a man who know to enlist the service of better men than himself.）。」好友京華鑽石董事長柯朝祥是白手起家的成功企業家，他說：「要超越競爭者，要知道他看什麼書，要比對方了解得更透徹。」

我常給年輕的夥伴提出「三一」的觀念。想出人頭地，每

天比別人早一個鐘頭到辦公職場；每天晚上用一個鐘頭思考、反省、充實自我；每天最起碼向一位高手請教。

問自己是否要成功

要出人頭地不難，先問自己是否決定要成功？人生要什麼，要過什麼品質的生活？時光流走飛快，稍縱即逝，難以掌握，不及早把握是不可以的。

若想快速累積財富，求得財富的知識不能不擁有。書籍、雜誌、專業報紙常看常分析，財經講座多聽，財經老師多請教。看書、看雜誌或報紙，要能持續做功課、觀察趨勢並統計及分析，對成功者要勇於請教。主動地提出問題和看法，專注的尋求答案。

現在電子資訊鋪天蓋地的傳來，要選擇對你有益的群組，選擇對你有用的資訊，不要沉迷在手機的訊息中，但要懂得擷取立即有效和可儲存的消息。

演講會裏要多交友、多換名片，一場演講若能認識十個不同行業的朋友，如果能一個星期大家交換一個心得，豈不是少了自己十個不必要的摸索，增加十個增強智慧的經驗。

也許不是每一個人都是專家，但每個人都有足堪參考的看法及經驗，「無友不如己」，愈虛心愈能得到好效果。但要有好的回報，得先自己付出。

先建議你要迅速且主動的回應和聯繫。要別人付出之前，先給別人好的感受。換了名片後，你是否在第一時間給他一張謝卡，或藉由E-mail和即時聯繫平台傳出你的謝意。電子平台是先進且迅速又毋需花費的工具，你大可將每天別人傳給你的東西，過濾和整理後再分送給好友參考。當朋友收到你的資訊後，有好東西也會傳給你，一來一回之間，你已擁有最新最好的知識了。

遠離失敗者的夢魘

恐懼來自無知、偏見，有些人天生悲觀，整天埋怨、批評和憤恨難消，批評本來就是最廉價的產品，而且容易引起別人的注意，這是失敗者讓人矚目的方法之一，此特徵容易看得到，你想與眾不同，就不該接近這些人與團體。

付出是最好的回收，你要感謝有付出的機會，因為付出的人回收最大，學習最多。或許你認為參與團體中的公益職務會浪費時間和金錢，沒錯，若你只貪圖名位或漫不經心，你就浪費了。

但轉念一想，由你代表團體邀約專家學者來指導，別人還沒領受，你已登堂入室的拜會和受教，別人只能在公開場合接受觀念，你卻可以在接待和引導中多了好幾個鐘頭的受益，而且因為你的積極態度，往後還可隨時請教。

你要能持續且用心地在參與及付出的過程中成長及累積人脈，這對求得足夠養老的資本是重要的。

■ 心七力

商業社團增加你的經營力

學習社團增加你的智慧力

宗教社團增加你的慈悲力

政治社團增加你的競爭力

公益社團增加你的喜捨力

藝術社團增加你的情感力

休閒社團增加你的平衡力

21 終身工作的時代

　　把工作當遊戲，你會愈作愈有趣，找一個自己適性的工作，快樂的作下去吧！

　　當彼得克拉克在《下一個世紀》這本書裡提到，我們已進入「終身工作」的時代，你的感想如何？

老年對社會有貢獻

　　學者預估2030年全世界人口一半會超過六十五歲。當2011年，第一批戰後嬰兒潮進入要退休的六十五歲時，四十五歲以上的工作人口占總數的一半，而且有接班意願的年輕人也變少了。專家赫然發覺將來的老年人已無法靠下一代來扶養，退休金也不是那麼可靠，而且退休生活是灰暗和無聊的，甚至連中年的生活型態也在轉變中。

　　美國羅格斯大學（Rutgers University）勞動力發展中心調查，九成以上的退休者願意兼職，勞動人口中的七成表示，雖然擁有足夠的財力，但還是願意工作。

已有人發出這樣的警語：「未來是老人創業，中年人工作，年輕人享受的世代。」以往若是老年轉業或是退休後再出發，會被人看做是晚景淒涼，但現在卻是代表有付出的能力，對社會還有貢獻，可彌補工作人力的不足。

　　客戶也因為看到職場有老經驗的工作者可以較為安心，年輕人當然是有活力、創意沒錯，但總是不安定、不細心，年輕的一代代表的是不定性，隨時可隨自己喜歡而轉行，但老年人給予的是穩定、權威和可靠，日本很多工作機會紛紛起用已退休的老年就業人力，如加油站、便利商店，這些體力不用負荷太大，不用太耗腦力的工作，相當適合老年人。

老年就業比率增加

　　老年人再就業對自身也有實質的好處，退休如一葉落而知秋的感覺往往油然而生，退休三年老了十歲的蒼白也不難看到，但和年輕人常相處，可以感染熱力、青春、速度、驚奇，可以使心境不要老化。

　　而老年人特有的領導力、協調力、嚴謹、紀律也可使職場文化更加健全。曾聽老人自我取笑的說：「吃老有三好——看家好、看孫子好、看電視好；吃老有三壞——打哈欠流眼屎，放屁會拉屎，小便有茶漬（台語）。」這樣的講法正是形容一

個沒有生產力、沒有價值的日暮老人，難道真是如此嗎？

　　中國人說「福、祿、壽」俱足是好命的人，何不說「壽、祿、福」呢？因為活得老而沒錢、沒地位是沒尊嚴之事，地位高但不快樂也沒意思，要活得快快樂樂有福氣，才是一個好命的人。速食業已起用中年老人，餐飲業多的是中年以上的媽媽桑，大賣場也開始有中老年人的足跡。未來因年齡結構的變化，老年就業的比率會愈來愈多，加上退休金的追溯和確定，還有一例一休的規定，很多企業採用計時的退休人員以降低成本壓力。

　　面對這樣的職場環境，你準備好了嗎？《人間福報》曾經引用香港特訊，香港排名第一的死因居然是懶惰而死，雖是笑謔，但可見空虛無聊令人畏懼。一個還可工作的人，代表他還有價值，人絕少因為工作累死，反而是乏味無趣而抑鬱以終。

22 具備終身專長‧退休不憂不懼

及早思考自己的志趣，等於提早買了一張人生保險單，活得愈老，領得愈多！

退休後的日子將因老齡化而愈來愈長，若因本業能力被超越，被逼得提早退休會更漫長。如果不提早規劃來填空這些日子準備退休金，老而貧將讓人惶恐失措。

在全力工作之餘，你必須思考研發未來不至於後悔的投資，你最起碼要有一項退休後可用的終身專長。終身專長等於是固定資產，不具備將會是未來的遺憾。

你若喜歡「傳道」，可以做……

＊演說家——溫潤心靈，創造幸福，演說家在空虛的年代是受歡迎和需要的。

＊作家——固定投稿、特約撰稿人或書籍的撰寫者，作品上市後有長期的稿酬收入，還能透過文字分享心得。

＊**宗教家**——參與有組織且正派的宗教團體，或進入小規模的廟宇佛堂，先決條件是你對教義的認知要深入，且要得到擁戴。

＊**氣功師、養生專家、中醫師或民俗治療師**——健康問題是本世紀最大的話題，朝這方向努力絕對錯不了，需求量絕對是供不應求，但專業知識自己一定要先充實。

你若喜歡「授業」，可以投入……

＊**保險業**——保險的市場是沒有發展瓶頸的，只要婦產科不關門，保險的需求就不停止，而且隨著專業的提升，保險對財產規劃的重要性就愈高，這項專長不但受人敬重，還可有不錯的收入。目前保險中介（經代業）佔率愈來愈高，而且無退休限制，對中老年人甚是恰當。

＊**直銷業**——和保險一樣，需要依靠人脈的建立，投入時間愈多，回饋也將愈大。但勿有自行大量屯貨之負擔。

＊**旅遊業**——帶團出國或作外國旅客的導遊，較不受淘汰，但專業性要高；國內旅遊也可，不過因頂替性高，端看自己投入程度如何。

＊**房屋仲介業**——房屋仲介也不受年紀的限制，但要平常人緣好，市場靈敏度高。

＊**理財顧問業**——配合銀行、金融行業，你可以作一個受歡迎的理財顧問、股票及基金投資的顧問諮詢或土地代書，這會隨年資增長而受肯定。

你若喜歡「解惑」，可以發展……

＊**命相卜卦**——八字、紫微斗數、米卦、易經、塔羅牌、面相、姓名學、摸骨、星座，只要能指點迷津，無不受人歡迎，用一點時間，靠一點智慧，進入這受歡迎的殿堂是不錯的。

＊**風水地理**——新屋裝潢、故人風水安置、生意不順需調整，這項專長百年不退，相當值得投入。

＊**心理諮詢**——家庭失和、精神壓力、升學就業不順、感情迷失，都需要心理專家來解惑，文明愈是進步，這項需求就愈大。還可以去考音樂理療、諮商等證照，這也是長期需要並會有收入來源的。

你若多才多藝，還可以……

　　＊**托兒、托嬰**——小孩沒人照顧、保育，對外勞不放心，有經驗又有耐心的保母人人要。

　　＊**補習、家教**——學童回家父母尚未下班，課業需要督促，考試成績不佳，補習家教的需求現在很必要。

　　＊**教唱卡拉ＯＫ、樂器**——你的歌喉不錯或稍有聲樂學理基礎，指導上班族唱歌會受歡迎，能教授樂器更好，樂器的選擇以能短期學成、能讓學員炫耀為重點，如吉他、口琴、手風琴。

　　＊**教舞蹈、美姿美儀**——教授社交舞可紓解壓力增加情趣，還能幫人塑造外表，是不錯的做法。

　　以上所提的都是可以不受年齡限制的技能，而且在建立口碑與信譽後，你不但可以自己親身力行，還可以組織拓展的方式，得到穩定持續的收益。這絕對是悶著頭栽進開計程車、便利商店打工等不固定又無衍生長期利益的工作能比擬的。

5.

格局-讓你破解
養不起的未來

23 先有大格局，再創大財富

　　原地踏步，永遠不會進步，要立志當大格局的人，眼光放遠，勇於計畫改變，創造更大財富。

　　台灣星巴克總經理徐光宇曾說道：「台灣人在創業時，沒有幾個人敢用開一千家店的規模去思考！」我們生活在十度空間的世界，但因為我們視野不寬、格局不大，又缺想像與思考，所以把自己的世界給侷限了。

　　所謂十度空間是指一點、二線、三面、四體、五速度、六溫度、七電、八聲光、九波動磁場、十心靈。

　　從平面到立體再到科技、再到磁場，最後追根究底，原來最大的空間是心靈，人的心靈可稱是無所不包，「心包太虛，量周沙界」。

　　所謂玩大不會小，玩小不會大，心胸格局有多大，可以做的事就有多大，正如一句名言：「有一、二人之力，即可服務一、二人之事；有千萬人之力，當服務千萬人之事。」

有大格局的人可以完成大事，格局較小者做一般事，沒有格局者做不出什麼事。

志向不同，格局也不同

有的人以領老闆薪水即滿足，不思成長、不求突破、也不知自己潛力何在，更不敢創業及做挑戰性的投資，他們是等下班、等拿薪水、等退休的三等人。

但也有薪水族，除了樂在工作全力以赴外，還研究、參與非自己本份的工作，結果是熱情者得青睞，能力受肯定，不是加薪，就是升遷，更上層樓的人還得以加入高層經營團隊，享有配股等特殊待遇。

有大格局的人擁有企圖心

有大格局的人通常擁有一般人所沒有的特質，重承諾、肯分享、輕小錢、有魅力，若再加上明確的人生理念、樂於助人的價值觀，人脈絮實，事業可成。

有大格局的人不會事事親力親為，懂得借力使力、授權分工，有自信，且對人有信心，但也不是放任無能，他會激起部屬或夥伴的責任感及道德良知。有大格局的人知道知識是最大

的力量來源，他求知若渴，勇於蛻變，不會滿足現狀。

他所做的事情，是別人不敢輕易投入的新事物和新領域，他的視野比別人寬和遠，他不是野心家，但擁有企圖心。

最重要的是，他對財務的觀念良好，信用得肯定，會資產配置和管理，也會做長期的投資和風險分散，因此可以比一般人更早獲得不被金錢支配的自由。

但老天不會突然送來禮物，想創造財富，不受金錢左右，先從擴大格局做起。

■ 大格局的人該有的特質

1. 不滿於現狀，有企圖心
2. 不會事事親力親為，懂得分權分工
3. 瞭解「知識即力量」，求知若渴
4. 眼光長遠，勇於嘗試新領域
5. 財務觀念良好，懂得長期投資和分散風險
6. 具備相當水準的語文、資訊、表達能力
7. 人脈良好，並能作關係整合
8. 有創意、能突破，跟著時代的腳步前進

24 美好未來・從夢想開始

作大夢的人作大事，作小夢的人成就小事，不作夢的人一事無成。

你！敢不敢給自己一個未來的好夢？容不容許自己有作夢的權利？

要想在老年衣食無缺、生活品質優雅且從容，你！必須是一個富裕的人。

而想要老年富裕的第一個秘訣即是作大夢；去想像自己在銀行的存款增加了幾個零，別墅是多麼的寬敞動人，環遊世界時是多麼的愉悅。

所有偉大的人與事都是從夢想開端的，當張雨生高唱「我的未來不是夢」，你有沒有激動？當金恩博士說：「I have a dream!」你能不能動容？夢想不是幻想，當別人幻想時，你開始描繪你的理想；當別人僅僅只是在工作時，你已經在做功德；別人還在休息，你卻用修行的態度前進。

「態度」掌握了成功因素的百分之八十五以上。

用夢想激發潛力

世界首富比爾蓋茲在大學時，看到了電腦將會改變人類的文明，毅然放棄學位投入軟體開發，他誓言作全球最好的軟體，他真的作到了。直至2016年，他擁有了844億美金的資產，他一個人的身價抵得上全美將近半數人口財富的總值。

曾被《天下雜誌》選為四百年來華人當中最有影響力的人士之一的黑幼龍，在四十七歲時冒險轉行，他一方面想要脫離朝九晚五的生活，另一方面接觸到了卡內基訓練，他從中看見了改變人們的力量，便毅然決然將卡內基引進台灣，因為他的堅持，如今卡內基已成為華人世界中頂尖的成人教育機構，幾乎與人際溝通劃上了等號，影響力之大可見一斑。

用紀錄檢視進度

耶魯大學曾對1953年的畢業生作了一項長達二十年的追蹤調查，發現即使擁有同樣學歷、同樣資質的同學，成就卻有天壤之別。學生們當中有百分之二十七破產，百分之六十是平庸無奇之輩，百分之十還算是卓越，只有百分之三是真正的成功者、頂尖者。

專家們著手分析當初條件與資質差不多的同學，為何往後有這麼大的差距，研究結果顯示既不是種族差異，也不是出身高低或宗教信仰，而是因為這些突出者很會作夢，很清楚地在求學時代就開始描繪未來的形象和藍圖。

有位學者說：「人生不可以靠記憶，而是靠紀錄。」比爾蓋茲每天記帳和寫日記，他用紀錄檢視進度。

現在就讓我們拿起筆來，開始去描繪你的未來是什麼樣的形狀，寫出二十年後你的人生圖形，把八大人生目標放進去——事業、家庭、健康、進修、財富、休閒、人際、心靈，分門別類用文字、數字寫出來。

退休後又該有多少資產和現金呢？十年後應達成多少？寫出來。五年後又是如何呢？初期目標該怎麼去達成？

人是習慣性的動物，如果你期許自己要成為一個富裕的人，你就得習慣作富裕者要作的事。

一點一滴、一步一腳印，沒有簡單的事，也沒有不可能的事，只有堅持與踏實。

25 善用理財工具・退休有著落

最好的退休理財工具要單純化、長期化、隨時變現化。

你有沒有條件活得老？如果沒有足夠的退休金，長期的退休日子將是懲罰而不是稱心怡情。伸長手不妙，坐吃不豐厚的老本也不是方法，退休絕對需要未雨綢繆，預先儲存夠用的錢。不過要有夠用的錢，需靠有效的理財工具，安全、利息可靠，最好還能節稅抗通膨。

預先儲存夠用的錢

先思考自己要有多少的退休金才夠用，這意味退休生活的品質如何。錢愈多，使用愈闊綽，愈能稱心如意，居家不煩，出國不愁，子女不驚，身體不壞，大家皆大歡喜。

要有多少錢才夠用呢？以男性退休後（六十歲）還有二十年的日子可過（平均餘命七十三歲，以活到八十歲計算），每個月若需三萬元生活費，則要預存七百二十萬，幸好現在低通膨，否則更不只如此。若每月五萬生活費，則二十年最少是一

千二百萬。女性的平均餘命多男性六歲，加上男女結婚年齡相差有四歲之多，所以守寡的日子長達十年以上，更是應該把退休金準備到二十五年才是。

理財工具優缺點

該使用何種理財工具才能創造足夠的退休金呢？通常可分為：

* 「高風險、高獲利」的民間互助會、股票等。
* 「中低風險、中獲利」的共同基金、投資型保單。
* 「低風險、定額利息」的債券、年金險、養老保險。

以風險而言，年齡愈大，距退休愈近，就不宜投入風險大的工具，以往投資公司盛行時，多少高齡族群把退休金全押下去，欲享受高收益，結果一敗塗地，老年忌貪之古訓至今有效。

要有高獲利又要高安全性，這樣的工具如今是看不到了，不如以絕對值替代相對值，也就是先確認一定可以取得的利息是多少以求安全，至於能增加多少的紅利，就看老天的安排了。另外，投資型保險、年金險和養老保險都屬保險的範疇，都含有保障節稅的功能，除了投資型保險尚須自負投資風險

外，其他兩者儘可安心加入。

　　一般養老險可分期繳納，以本身需要，短者六年到十年，較長者十五年、二十年，若不分紅則保障較高，若採分紅制則保費較高。

使用退休工具十一要領

　　＊愈早規劃成本愈低，時間可轉化為複利的資產。
　　＊高報酬、高風險的投資工具比重不可太高。
　　＊要有資產配置的觀念，雞蛋不可放在同一籃子裡。
　　＊強化固定收益的投資，如保險及公債。
　　＊股票、基金宜長期，慎選績優及形象良好者。
　　＊醫療保險要參加，不要只依靠社會保險。
　　＊別太樂觀的計算社會保險滿期金或是子女的奉養。
　　＊寧可有稅賦的風險，也不要將有價證券放在別人名下。
　　＊計算好有價證券之稅項金額，用保險金槓桿準備。
　　＊單純化、長期化、隨時變現化，不要碰自己無法掌握的工具。
　　＊慎選專家，但別單一信任，資金的控制權要在自己手上。

種類	風險	抗通膨	節稅	優點	缺點
互助會	高	尚可	無	利息高 有靈活性	風險大 難以掌控
股票	高	尚可	無	選擇正確 報酬率高	突發狀況 難掌握
共同 基金	中	可	無	專家代操作 省時省力	獲利度無法太 滿意
債券	低	無	無	安全 利息固定	利息不高
銀行 定存	低	無	無	安全 利息固定	利息不高
投資型 保險	低	可	可節稅	保本 獲利穩定	保戶需自負 投資風險
年金險	低	可	可節稅	保本 有定期年金 可用	躉繳型非 一般人能負擔
養老險	低	可	可節稅	安全 利息固定 現金價值 可自行安排	利息不夠高

26 找一個好的理財顧問

「你不理財，財不理你」，你不慎選好的理財專員，你就不會有好的理財規劃。

有人說，現在是高資訊時代，買保險有種資訊可參考、可比較，若要買保險，也可以上網投保，保費還低了些，這說法正確嗎？

這是一個專業分工的時代，每個人都必須專精在他的本業上，對於本身不夠內行的事務，不可自以為是或大意為之。

比如投資或參加保險，你若自行上網為之，簡單項目還可處理，如車險、旅行險，但若牽涉到較專業，建議你必須找一位合格的專家來為你把關和篩選，如果因為計較手續費或佣金等小錢，你可能會損失大錢或失去賺大錢的機會。

理財顧問哪裡找？

理則規劃是一個相當專精的業務，但幸好目前觀念進步，

投資管道通暢，理財人員多如天空繁星，找一個夠格的理財顧問並不難。財務顧問可在銀行、保險、金控、證券、投顧等公司裡找到，加上會計師、律師、代書等也可當你的諮詢者。

通常在銀行裡一般理財專員的年資約在兩年以下，服務的客戶存款額度在三百萬以下；VIP理財專員則是兩年以上的年資，有能力服務三百萬級以上的客戶，而且本身專業證照齊全。保險公司則是在襄理級或經理級以上人員較為嫻熟產品的精要，也可為客戶安排適當的保障及規劃。

＊他的專業條件

比如他的年資、職位、證照數、公司給他的管理及服務額度是多少，都可以反應他的專業度。此外，他處理事務的能力以及最新資訊的掌握都要觀察；還要打聽他服務過哪些客戶？處理過哪些個案？在公司得過什麼獎勵？他是個稱職的主管嗎？還是個足以栽培的重要幹部？不只是看他的證照，還要看他的內涵。

＊他的敬業態度

理財顧問的談吐是否優雅，儀態是否端正，提出來的資料是否完備，和你約定的時間是否都如期，都要列入觀察當中，小事不嚴謹，大事不可靠。另外，也要注意這位顧問，他會不

會動不動就批評同業、用退佣競價來爭取業務，還有，你要注意這位理財專員財務狀況如何，奇怪的眼神，不振的神情，隨意的承諾，沒有速度感的回報，這種人大概不可取。

＊他的理財建議

常要你走短線，賺時機錢的理財顧問絕對要小心！你賺了小錢丟了手續費也掉進了大戶的陷阱。如果常建議你換股操作或變換標的的理財顧問，你可能要考慮他是否缺乏自信，還是要再次賺取你的手續費，好的理財專員應該不是如此；在提供投資建議時，他是以個人利益為導向，還是以你的需求為考量？他在意的是金額大小呢？還是兼顧到你可以負擔的經濟狀況。

＊他的信用操守

一位好的理財顧問不以你的金額大小為互動的基礎，他應該會定期和你聯繫，藉由電話、E-Mail、各種電子聯繫管道給你可以參考的資料，行動積極，態度投入。

因為牽涉的是你的財產、你的錢。你千萬不可大意，甚至在完全信賴他之前，加以徵信調查也是有必要的，也可建立和他的公司之間的信用諮詢管道，或用適當的機會考驗他的操守。總之，小心謹慎才能駛得萬年船。

27 致富有因，守成有果

要有怎樣的果先要怎麼栽；會留下多少錢，要先問問自己當初得的是怎樣的財。

在股市低迷時，看到甚多投資戶在套牢或斷頭的威脅中痛不欲生或以身殉股；也看到相當多的失業或專業不夠的中年族群，輾轉於告貸的困窘或前途茫茫的迷惘中。

但是另一方面，我也遇見許多因為沒有迷戀於短期致富的大夢，專心於本業的經營而終有所成的退休族。向他們請益之後發覺，他們所做的除了「不貪不燥、走正路、靠本業、勤儉謹慎」等基本的生活態度，更重要的是「家齊、友賢、鄰和」等古訓，心中不禁感嘆萬千，正巧又讀到報紙刊載古人之「十富論」與他們所言甚近，特提出供大家參考：

十富論

＊不辭辛苦走正路是「勤儉富」

不貪短線，不爭暗利，賺的是光明磊落的錢，用的是正正當當無愧於心的利。勤於儲蓄，日積月累，品牌受到肯定，資產愈見雄厚，比之大起大落實在得多。

＊聽得雞鳴離床鋪是「當心富」

清早即起，灑掃庭園，給家人好榜樣，給員工好示範。從小處留意起，能省則省，能作即作。絕少因為努力工作還挨餓的，多的是因懶散引起的各項身心疾病。

＊當防強盜管門戶是「謹慎富」

門戶看緊、盜賊不入，水火要防，災難不出。粗心大意，生產物品有瑕疵遭巨大損失。管理不善，員工無禮輕忽，形象於是蕩然失之，要作大事先從小節注意起。

＊闔家大小相幫助是「同心富」

常見媒體報導大企業因兄弟鬩牆而爭嚷不休，叫外人瞠目結舌，企業同仁也顏面無光，第一代帶頭打出一片天，第二代無法共心而分崩離析，這是幾個台灣知名企業的現實寫照，但

反觀也有相當多因兄弟齊心而光大門楣之事跡，值得深思。

＊教訓子孫立門戶是「後代富」

前一代創業累積財產數億，後一代不知生活目標何在，常看到一些新聞報導，二代混跡在酒店「上班」，或豪車雄霸街頭引人矚目，引來歹徒覬覦綁架，因而付出贖身鉅款，甚至喪命九泉。

父不嚴，子即惰，大好事業都可能灰飛煙滅。今日不教導下代勤於事業，他日下代敗壞，讓老父情何以堪。這些事實一再出現，不可等閒視之。

＊買賣公正多主顧是「忠厚富」

善念引來善行，不貪不邪，待人接物存心忠厚，人是血肉之靈，何能不受感召，當然口碑相傳，主顧盈門。

＊手腳不停理家務是「終久富」

勤能補拙，不急於一夕爆發，走正途，守正道；待客有禮、家人同心，當能博得長久財富。

＊不去為非犯法度是「守分富」

不逃稅自不用躲查稅，不作假帳當不必顧慮合夥人、股東之質疑，公司用度不挪於私人戶中，當然上行下效風氣正直，管理公司也就簡單。

＊妻見賢慧無欺妒是「幫家富」

家和萬事興，妻賢子孝，不用提防傷神，自是和樂生財。但現代企業多是合夥，為免猜忌造成不合，宜啟用有能力之人，而非夫唱婦隨，妻或夫可當賢內助，作一個推動穩定的助手即可。

＊存心積德天加護是「為善富」

為善最樂，以行善助人為使命，以積德造物為天職，分享成果，提攜後進。行善的企業能永續，著重公益的團體受肯定，能分享的人，財富更是不召自來，佈施就如井中水，愈是汲取愈是豐盛。

以上十點雖承於古訓，但直至今日仍是踏上成功富足之路該要有的態度，更有助於積財立德才是。

28 安穩退休要合乎八正道

修八正道成八達德，退休生活也成人間淨土。

佛經中記載佛祖向弟子開示，依八正道（八個正確的方法）修行，若是心誠意正且毅力堅定者必定能成佛。雖說每個人都想要有安逸的退休生活，但不見得人人可得，建議以八正道的精神去持行；事實上，八正道的精神非佛教徒專利，每個人都可摒除門戶實行之。

八正道

＊首推正見，即正確的目標、方向、眼光及責任。

該有多少退休金？退休後過什麼樣的生活？幾歲退休？退休後作什麼？如何作？選擇途徑和方法？除了讓自己生活安逸外，又有何可貢獻社會及人類？生命的意義在於增加人類生活的光輝，有責任感的人更可以找到讓自己精進的力量。

＊二是正思維，即正確的思想、學識及力量

「思想就是力量」是笛卡兒的名言，人可以年齡老，但不該頭腦老舊心門偏，隨著年紀的增長，思想愈要聰慧和睿智，依經驗和學習讓自己的財力健全，也依正確的思考過著有意義的人生。

＊三是正語，即恰當、貼切溫暖的言語。

不以惡語傷人，多口吐蓮花慰藉滾滾紅塵中翻騰的人們。講好話、講激勵熱情的話，傳承人生正向的經驗、帶動歡悅有情的人生。

＊四是正業，即正確的事業觀及人生觀。

不圖不義之財，不思過眼之樂，真正的事業是對人有利，對己無害，要思考長期永續而非短期暴利，出真心、下工夫，戲棚下站得久的人會贏。古賢說：「堅持信念，不負初心。專一深入，願不懇切，行不真誠」，以服務大眾為榮，以真義傳賢為傲。

＊五是正命，即正確的為人處事態度。

有人認為影響一個人的命運有幾個因素，八字占百分之三十二，陽宅占百分之十，陰宅占百分之八，面相占百分之五，

姓名占百分之五，態度占百分之四十。態度是指什麼？謙和、敬業、勇於任事、誠以待人，並樂於佈施、勤於志業。受到別人真心接納的人，才可以安心度世。

＊六是精進，即正確的成長方法。

活到老要學到老，Fintech時代的變化在彈指間，世事又換個樣、變個型了。但也不要急尋捷徑、一步登天，有計畫的進修、有目標的成長、按部就班，總是不落人後，不退於人群之外。

＊七是正念，即是自省功夫。

「為人謀而不忠乎？（承諾別人的事情辦了沒）。傳不習乎？（有沒有努力學習新知），與朋友交不信乎？（有沒有作出對不起別人的事）」以上這些都是每天該自我檢討的，但到底有幾個人作到呢？

在流傳數千年的「了凡四訓」一書中，談到自省方法有三。

一是發恥心，「思古之聖賢，與我同為丈夫，彼何以百世可師，我何以一身瓦裂，耽染塵情，私行不義，謂人不知，傲然無愧」。

二是發畏心：「天地在上，鬼神難欺，吾雖過在隱微，而天地鬼神實鑑臨之」。

三是發勇心：「人不改過，多是因循退縮，吾須奮然振作，不用遲疑，不煩等待，小者如芒刺在肉，速與抉剔，大者如毒蛇囓指，速與斬除，無絲毫凝滯。」這三個方法值得深思。

＊八是正定，即不疑的定力和意志。

不因名位而屈節，不為財色而迷惑，「動若脫兔，靜若處子，定似磐石，堅不能移，利衰毀譽，稱譏苦樂，八風不可動。」

如此八正道，實為安享人生重要之關鍵。

29 快樂生活・聰明致富

調養怒中氣，提防順口言，留心忙裡錯，愛惜有時錢。

詩人歌德曾寫了「快樂秘訣」：

有足夠的健康，才能工作愉快。

有足夠的財富，才能隨心所欲。

有足夠的希望，才能撥雲見日。

有足夠的胸襟，才能欣賞別人。

有足夠的勇氣，才能承認錯誤。

有足夠的毅力，才能克服困難。

有足夠的愛心，才能雪中送炭。

有足夠的信心，才能美夢成真。

有足夠的耐心，才能達到目標。

正面思考易聚財

根據報載，英國一項調查顯示，快樂的人比不快樂的人容易發財；反之，喜歡挑剔、埋怨、找麻煩的人，不容易成為有錢人，這個調查應該可以提醒我們，快樂的人易聚財，負面的

人不易聚財，愈是樂觀正向，愈是受到財神眷顧，最重要的原因在於具正面態度的人能得到眾人助力。

為何正向的人可受到眾人協助？因為他們身心健康，對自己、別人及環境都有信心，他能自我催眠及暗示自己必能成功，他的第六感引導他朝向正面。他的想像力讓他描繪亮麗的願景。潛意識中他會打開廣闊的胸襟，迎接四面八方的光明力量。他和一般人擁有一樣的發財夢，但不一樣的是，他的熾熱渴望和充滿希望的態度，使他邁向理想，他的念力使他比別人更易於成功。

日本科學家江本勝研究水的結晶體，發現當心中充滿感恩致謝的善念，水的結晶體都會感受到而展現出漂亮和莊嚴的形貌。

高雄新佳國小鄭舒云老師以同樣的概念帶領同學作試驗，用三碗飯分別貼上「謝謝」、「笨蛋」和「不寫字」。每天要向貼「謝謝」的碗感謝並說出來，也對貼「笨蛋」的碗大喊笨蛋，另一碗沒寫字的則完全不理會。十二天後，貼了「謝謝」的飯雖然發霉了，但沒有惡臭，霉的顏色很美麗；貼「笨蛋」的飯發出惡臭，霉色發黑，令人作嘔；令人費解的是，沒人理會的飯早早就發霉，味道最臭，顏色最難看。

身心人際皆善念

原來讚美與詛咒會有如此截然不同的結果，而漠不關心的傷害更甚於一切。因此，想快樂的擁有財富必須有一些認知及條件。首先要有健康的身體。身體若不健康，光尋醫覓藥就心神不寧，如何能構思企業大計呢？廣告詞所說的「肝若好，人生是彩色的；肝若不好，人生是黑白的。」多少人因急著創造財富而壞了身體，得到全世界卻賠上了一條命，何苦呢？

再來是平衡的情緒，古人云：「自處超然，無事誠然。待人藹然，得意淡然。處事果然，失意泰然。」此六然訓即揭示情緒平穩的重要。西方佚名人士也寫了《內心安寧的徵狀》陳述這樣的概念：「內心安寧的徵狀就是優遊自在活在當下每一刻，不斷如潮湧般生出感恩心，產生與自然萬物密不可分的親切感。隨時顯露微笑，逐漸地讓事情發生，而不再強求。對周遭的關愛與感受不斷增加，同時也會不由自主地將它散發出去。」

當然也要豐富精神生活，不停頓在淺浮表相中，讓靈性充滿藝術成分，有了財富後不被人稱為庸商。或利用信仰充實內在性靈，有信仰的人心中有指引，有宗教觀的人懂因果，明白上天旨意更能依理而行。財富若是人的膽識，信仰便給予人們靈魂；有信仰的人受尊重，不會因為人生逆境而氣餒。

最後要維持豁達的人生觀，人生本是遊戲一場，端看粉墨上場的人是否盡興。而開朗會引來豁達，豁達會吸引廣闊，廣闊的心胸更易接納體貼的好友相伴，朋友可以訴苦、談心，可以互助，可以關懷，朋友是在快樂時分享而增加快樂，悲傷時因分擔而減低憂慮的人。

累積財富並不難，但受人景仰卻不易，用錢的態度將決定別人對你的觀感。快樂的生活，聰明的致富，念念不離善心正面，有意義的使用金錢，生命中將充滿無限的福慧。

■ 四句話改變自己和別人的生命！

對不起！

請原諒我！

謝謝你！

我愛你！

6.

風險-對於金錢
你該有的觀念

30 要當有錢人先學如何避險

有錢人懂得趨吉避凶，降低財產損失，所以財富才能不斷累積，普羅大眾也應學習避險之道，朝富人之路邁進。

台北知名的某鐘錶店在三分鐘內被搶走一千多萬的名錶，多年的心血霎時灰飛煙滅，化為無形，勤奮的三兄弟痛不欲生。因為他們雖努力經營事業，但觀念保守，並沒有為商品投保足額的保險。

預做準備，將損失降至最低

反觀某鑽石名店也曾被持槍搶匪闖入行搶，但該店平常訓練有素，而且早就抱著會遭搶的心態，預先做了各種準備，他們不但防護準備周全，包括店員及商品也都投保了平安險及責任險。

他們的店面還設有夾道，可以在危急時讓店員脫逃，而且脫離時可以關下大門，並主動通報保全公司和警局；因此，雖然被搶，但人員無恙、商品無損，還因應變得宜，受到媒體傳

播而名噪一時。

台諺說得好，「人吃五穀雜糧，不可能掛無事牌。」想想看，人能活著真是奇蹟；根據醫學分析，人體有五兆細胞，22兆血球，206塊骨頭，500束筋束，十哩長的神經纖維，六萬哩長的血管和動靜脈，四億條痛覺神經，55萬根觸覺神經，心臟一年跳動三千六百萬次，全身的細胞每天以7%的速度做新陳代謝，如果有一點點的失誤或人為損傷，活潑亂跳的人可能變得生不如死，或死氣沉沉。

壓力使疾病纏身，喪失意志

佛家說，人有八苦：「生、老、病、死、求不得、怨憎會、愛別離，五蘊炙盛。」前四項是生理，後四項是心理，生理病可防，心理病難治。

現代人壓力大，壓力來自家庭、學校、上班場合、及各種媒體傳播的影響，人比人氣死人，但又難逃各種比較。80%的疾病來自壓力；壓力使淋巴細胞減低，免疫力下降；免疫力下降造成疾病纏身；疾病纏身，求生意志就降低，所以自殺率節節高升。

目前的自殺死亡人數已佔十大死亡原因的第九名，前人間

福報社長——永芸法師為文說道：「日本人為求解脫，跑到富士山下的樹林中自殺，最盛的季節往往能尋出千具屍體。日本人的行徑，著實瘋狂，但願國人勿染此惡風。」

車禍、墜機等交通事故，一發生即是死傷累累、或血肉橫飛、屍骨無存，此外，由意外所引發的殘、缺、傷、癱、困，更是一輩子的傷害。

向富人學習避險之道

台灣進入M型社會，國民所得貧富懸殊，富者因節稅有方，通常能避開大部分的稅賦，但上班族領的是固定薪，每一筆收入都清清楚楚登載進入國稅局電腦內，一分一毫都少報不了、少繳不得。

有錢人和沒錢人的最大差異，在於沒錢人通常賺了錢，先消費再儲蓄，但有錢人卻是先儲蓄再消費，甚至因為有錢人的資訊及通路較為通暢，所以預先將財產移轉，防止災害來臨時的損失。

欲做富人，必須先學如何防災，建立危機意識，備而不用，總比不備而廢好得太多了。

31 保險是一項好的投資

先不論自己用得到還是用不到，能幫助到需要用的人，已是功德一件。

話說當年我是業務菜鳥保險新兵的時候，一個炎熱的下午，我走進中和區的一家貿易公司，事務桌只有四、五張，看不到工作人員，我聽見總經理室有講話的聲音，於是敲了敲門，主動走進去。

因緣巧遇好客戶

總經理在大辦公桌的後面講電話，見我走進去，一手搗著話筒，問我有何指教，我遞了自己的名片，擺個手勢請他繼續談，不必馬上理我，他點點頭要我坐下，他接著談。聽兩人講話的內容可以知道，那是一筆生意，金額不算小，兩人在協商談判中，外面是熱的，裡面有冷氣可舒服的很，我等到忍不住快要睡著了。

他終於講完了，問我什麼事，我把捏在手中的DM給他

看，才準備分析說明，他的電話又來了，是剛才的那一位，看來兩人還有得講，我靈機一動，拿出要保書推過去，指著簽名的地方要他簽，他摀著話筒問我多少錢，我說身分證借我抄一下，看了他的出生年月日對照保費，告訴他一年六萬多元，他沒說話，我快速的抄資料，順手開出送金單，而他真的從抽屜裡拿出支票簿開了一張即期支票給我。

我的心快要跳出來了，當時一張六萬多的保單相當現在六十萬，居然這麼簡單就成交，我雖緊張，但還是指著合約書條文裡的詢問事項要他自己勾選，而他還是一邊講著電話。

拿了支票走出那公司，簡直不可思議，我先是強忍著緊張心情走到馬路，走了大概百步，四下無人，拔腿就跑，攔了計程車趕快回公司報帳，因為心臟興奮地就快撐不住了。

送保單的時候，我問他為何這麼快就買，他說已有很多業務員向他介紹過保險，他覺得不錯，本來就已準備要投保了，能碰到我算是緣份。他也覺得保險是利人益己的公益行為，先不論自己用得到還是用不到，幫助到需要用的人已是功德一件。

觀念開通，獲利自然好

三年後他膽囊手術，我記得光是理賠金就有五、六萬元，他笑著說，繳三年還本一年，福利不錯；再過了三年後，他有一次從菲律賓打電話給我，說是急需用錢可否幫他調錢，我說可以從保單貸款出來，而且立刻可辦，他回國帶了二十萬又飛奔出去忙了。

以前的民眾大部分對保險的觀念不足，認為保險不吉利、太久不划算、錢給保險公司賺太傻，但也有觀念開通者，知道保險是保障、是儲蓄、是節稅，是隱藏資產的一條安全的路，所以買了保險。

多年來銀行利率幾乎跌到谷底，以前投保的人現在都眉開眼笑，因為投資報酬率太好了，而且當初的投保金額已累積到不錯的退休金了。

最近我有幾位客戶從國外回來領滿期支票，天啊！有的已二十五年了，四分之一世紀，保險真的要有一點耐心，但這耐心的回報真不錯！有的人會質疑：「我能繳那麼久嗎？」別懷疑自己的繳費能力，錢是擠出來的，有心去做，一定可以做得到。

32 高資產戶不可或缺的富人保險

　　同樣是繳遺產稅，蔡萬霖被課徵五億元，溫世仁卻被課徵四十億元，這就是有無預先節稅的差別，而保險也是一項節稅的好選擇。

　　生而為人的四大恐懼：「怕活得太短，不辭而別，留下家人怎麼辦？」、「怕活得太慘，半途而廢，拖累家人怎麼辦？」、「怕活得太長，長命百歲，沒錢生活怎麼辦？」、「怕沒有準備，留下太多，家人無法繳稅怎麼辦？」

生前不節稅，身後一堆稅

　　根據現行稅法，繼承人必須在規定時間內，以「現金」繳付遺產稅，但遺產的形式通常是以不動產和股票居多，即便股票下跌現值縮小，仍需以過世當日市值計算；而假設不動產有行無市，脫不了手，怎一個「慘」字了得。

　　因此，殷實家族中流傳著一句話：「失去親人是痛苦，繼承遺產是折磨。」

因此若平常不經心，則可能留給後人的是困擾與痛苦，「委託書大王」陳德深身後被核定課稅十九億多；2003年台北出現一老農擁有大批土地及未上市股票，經公告現值和淨值核算後，應繳稅金為二十五億；英業達集團副董事長溫世仁驟逝，海內外財產總額達一百六十億元，核課四十億稅額，創下台灣的繳稅紀錄。

保險是合法的節稅方式

目前國人多用的是國外控股或投資公司來規避稅額，這和國外富翁多以慈善捐款來節稅大不相同，比爾蓋茲已捐出270億美金，巴菲特捐出215億美金，他倆的大出手，已樹立空前未有的慈善典範；避險基金創辦人、有「基金舵手」之稱的喬治·索羅斯（George Soros）捐出八十億美元，洗刷他為富不仁的罪名，讓他得到全球第三位最慷慨富豪。

高資產戶宜藉保險預留遺產稅，如果不是惡意隱瞞病情或已病入膏肓，保險公司通常不會拒保。

保險是合法的節稅方法，為必要繳的稅金提早準備。也為企業準備安定基金，更是為事業奠定百年根基。

不用冒險逃稅，也不用大費周章地尋求各式各樣的節稅管道，利用保險節稅好處多多，不但政府認可，也能事先準備稅

源，還能提高資產價值，更是一種很不錯的理財方式。

但注意，如果是蓄意要避稅，背離了保險本意，仍是有可能不予認定而要課稅，此點要注意。

擁有一張節稅保單，不但生前享兒女尊重，身後繳稅無慮，可說一舉數得。就算子孫不賢不肖，也可改變受益人，將受益人變更為慈善機購，此可達留芳百世之效。

總之，進可攻、退可守的富人保險，既不傷人又有利國家社會，不失為高資產戶的選擇之一。

■ 保險真諦

我們不是賣保險，是幫人們買保險
保險費用莫嫌貴，不買出事最是貴
沒有買錯的保險，只有不肯買的錯
今天不付保險費，改天家人付百倍
有錢助他更有錢，沒錢使他變有錢
恩愛夫妻有依靠，父慈子孝最奧妙
擔心保險公司倒，難道不怕己先倒
問神求卜保心安，參加保險保安康
節稅投資兼保障，長期規劃最可靠
悲天憫人使命到，愛人如己境界高

33 不買保險一定有錯

俗語說，「千金難買早知道。」保險就是發揮「早知道」的作用，替未來買一份保障，你不能未卜先知，但是不能不買保險。

老林是會計師也是精算師，對於各家壽險公司的各項保單產品結構瞭若指掌，問他哪家公司的保單好，他會說：「都好！每張保單都有不同的結構和市場需求，都很好！」可是你再問他，他買了什麼保單，他就會支支吾吾不肯正面回答。

他私下向朋友說，哪家保險公司的費用率抓太高了、哪家保險公司的管理費不合理，或是買儲蓄險沒道理、買終身險不划算，總之，憑他的頭腦和專業，與其買保險，還不如把資金放入股市投資。

初期還不錯，他自詡眼光精準，一下子賺了不少，不過後勢不太好，因太太突然罹病，讓老林無暇顧及大盤，幾千萬瞬間就不見了。

那陣子他很頹喪，太太的醫療費要奔走張羅，房貸以及小孩子的學費要籌措，公司的營運不能斷；他懊惱的說，自以為聰明，不買醫療險，等於花了好幾百倍的保險費；他也說，假如有買儲蓄險的話，最起碼也是一筆可用的錢。

考慮太多，買不了保險

他開始正式研究要買哪家公司的保險，他也找來多位不同公司的業務高手，及一大堆的商品DM、一張張的保險建議書，他耐著性子用專業能力去分析比較，不過比著比著，他又發現新的問題——保額太低沒意思、儲蓄險的保額又不夠高、理賠金高的保險又太貴。

幾番思量，難啊！怎麼做決定呢？很快地，太太出院了，公事也不能耽擱，老客戶都急著要他處理查帳的問題，客戶要到大陸開公司也要他陪同，老林恨不得生出三頭六臂，再多二個分身。

保險業務員催他趕快決定，他反要對方不要急，以他的專業與能力，一定要找出最合適自己的保單，他要給家人最好的保障，這一拖又是大半年了。

罹癌患病為時已晚

　　某次老林到大陸出差，宴後回到旅館突然不適，一陣絞痛後居然吐出血，他立刻住院檢查，才發現情況不妙，肝臟有腫瘤，而且還是惡性；他緊急回台開刀治療，但主治醫師搖搖頭，說大勢已去，八顆腫瘤已在肝膽間蔓延擴散開來。

　　躺在病床上，老林強忍著最後一口氣，交代太太要堅強，公司結束後，應還有一點錢，遺言說完沒多久，老林就過世了。太太整理遺物時，看到一大堆的要保書和建議書，抱著一絲希望，一家家公司打電話去詢問，答案都是「抱歉！找不出投保的資料。」

　　會計公司結束後，將貸款結清才發現根本沒有錢，保單也是連一張都沒有買，甚至最基本的團體定期險也沒加入。

機關算盡卻是一場空

　　機關算盡，聰明自誤，一再地找最好的保單，但到頭來什麼都是空的。太太未來的生計，小孩的學費生活費都沒著落，一家人在老林過世後，生活大不如前，馬上就要面臨捉襟見肘的日子。

原來計畫給家人最好的保障，但計畫趕不及變化，一切都變成泡影了。

「保險費用莫嫌貴，不買出事最是貴。今天不付保險費，改天家人付百倍。」這社會儘管處於變化及不安，但還是很多人自以為無所不能，而不能清楚思考萬一之事，人不自助，別人也愛莫能助，就是別人的濟助也如同杯水車薪，自覺才是根本之道！

■ 我也要傳家之「保」！

1. 保障額度夠不夠？
2. 保障年期長不長？
3. 家人保障足不足？
4. 保障項目多不多？
5. 保障內容改不改？
在被保險人的年齡、身價、需求變更或增長中，保險有需要與時俱進，保單健診是必要的行動！

34 利用保險優勢退休

風險往往與機會並存，成就與失敗只有一線之隔，你的退休生活保險嗎？

有次一位業務員急著找我，因為客戶立刻要投保高額壽險，但既不肯體檢又不把投保原因講清楚，後來我和客戶詳細溝通後，才知道原來業務員和他談了很多次，費了將近一年的時間，他不是以沒時間、沒需要或還要考慮來搪塞。

結果上個月臨時腹痛如絞，經過醫師診斷後，看到了一粒腫瘤在肝裡，於是急著要業務員幫他辦保險，當然這件事難以成行。

千金難買早知道

台灣的壽險投保率已超過百分之二百，但還是有兩成多的人沒買保險，買的人平均額度也只有台幣五十萬左右。沒有正確的保險觀念，偏低的壽險額度，不會好好的利用保險功能，這正是台灣目前一般民眾的寫照。

已聽過多次車子在過了續保期還不肯繳保費時，車子即失竊；也碰過了幾次人身意外險買了好幾年都沒事，停止續保後立刻發生事故之怨嘆。一位朋友的先生即是意外險沒繳後幾天，車子往樹上撞，造成下半身癱瘓卻無法理賠之窘狀，也應了「百般無奈想不到，千金難買早知道」的俗諺。

人的一生無非在追求財富的自由，但若只悶著頭硬拚或心存僥倖，以為不會那麼倒楣，惡運不會降臨我頭上，卻不知這正是危機臨頭之前夕。

還有幾個因為沒有作預防動作所產生之悲劇，A先生在四十歲時因胃癌花了將近二百萬醫藥費，且因病約兩年沒辦法工作，一人有事，全家五口陪著辛苦，事實上，防癌險其實最便宜；B先生發生車禍，停繳的保費不過一年一千多元而已；但若保險有效，他的事故可領得不只二百萬，但後悔遲矣；C先生毫無保險觀念，老年時兩袖清風，遊走於兩子之間，受盡兒子媳婦白眼，早知財產不該分那麼快，或者有幾百萬保險身價即不致如此。

善用保險之效

有一次和某位壽險公司董事長談論壽險業如何在微利時代創造利潤給保戶，他說即使努力經營不敢懈怠，獲利卻總是難

以達到預期，反而還看到很多利用保險致富的聰明人，有時不禁感嘆種田的人不如吃米飯的人，開車的人不如坐車的人。

他舉例說，一位朋友在四十歲左右經商致富，每當一筆錢進來，就買一張儲蓄保險單，雖然利率下滑，但從百分之八的固定利率到百分之五都擁有，比現在銀行定存利率好太多了。而且他的朋友是有目標的儲蓄保險金，他準備五十五歲退休，以他所儲存的五千多萬保險金，從五十五歲起，每一年都有三百萬給付可用。這筆錢不管是家用或是環遊世界，綽綽有餘。這樣的做法和很多對保險還是心存懷疑的人比較起來，著實有智慧多了。

再舉一實例，一老農因高鐵通過田地而受益數億，擔心分財產給子女，會讓他們失去奮鬥之力，又怕猝然一走，子女無法繳遺產稅兩頭空，聽從專家建議，將這筆錢全數參加保險，養老還本金屬自己，身故受益歸子女，但用信託鎖定逐年給付，既安全又面面俱到，一舉數得。

前些日子還有一則社會新聞，士林某聞人身故後遺產歸獨子，獨子不幸中年早夭，龐大家產進入媳婦名下，但媳婦又改嫁，只獨留老婦讓三個沒有財產庇蔭的女兒照顧（當年重男輕女，女兒沒有分配到遺產）。這也是一個不會利用保險而造成遺憾的實例。

透過保險的大數法則運作

我大致將保險的種類分為下列幾個功能，讓大家更容易了解保險：

＊「儲蓄險」穩健，零存整付最安全

用傳統儲蓄保險儲存退休金，固定利率確保回收，零存整付，保本又保值，期間若需要現金使用，還可借出現金價值，不傷保障額度，這是穩健型的投資。

＊「投資險」獲利，大數法則降風險

雖然投資有得就有失，但透過保險的大數法則去運作，風險比個人操作安全多了。而且目前在台灣，投資險的市佔率已節節高升，代表民眾已可以接受較長且自行負責盈虧的保險保單，不過民眾要切記，不要陷入高回收或推廣人員的誇大吹噓，偏離了投資的實質意義。

＊「醫療險」避險，照顧自己好一點

對一般人而言，醫療險是補助勞健保或生病不能工作時的收入來源，所提供的補助大抵是錦上添花。但其實這觀念不正確，勞健保只不過提供一般的醫療照顧，有很多的自費和需要

較好的待遇，如個人病房，這都要自己付費。

台灣目前的醫療水準高居全球三名之內，而且費用比國外便宜甚多，雖低廉，達文西手術或幾項更高級檢查和診治，動輒數十萬或百萬，這不是一般人所承擔得起的，因此多瞭解醫療保險還是必要。

*「年金險」防老，老年生活有尊嚴

及早規劃、提前儲存，從預期退休的年齡開始，「活多久，領多久」，不擔心錢用完人還活著；就算人走了還有未領完部份，仍可給付給配偶和子女，年金險可說是一個可以將財產（資產）移轉的保險項目，對擔心遺產稅和不想造成家族困擾的有錢人來說，是最有利的投資。

*「癌症險」防災，龐大費用有著落

癌症的恐怖已不需多談，再不購買防癌保險可說是膽大包天，藉由幾年攤提的保費，在萬一罹癌時，個人及家屬的負擔都可得到充分的紓解。

*「意外險」保安，生活安心不擔心

沒有人願意碰到意外，但意外事故通常突如其來，難以逃

避。為了讓自己和家人的生活多一層保障，費用低廉的意外險，絕對是不該省卻的必要措施。

＊保險皆保稅，身後財產免操煩

只要不是以避稅或危機現前才投保，大部分的保險給付是免稅的，應用此原理創造財產的完整或彌補，對有資產的人是非常好的機能，對資產不多的人可增加保障機會，而且在合法下進行操作，只要保險公司願意承受，大抵上都受到維護，這絕對是不肯透過保險功能，而想要僥倖省卻區區費用的人難以想像得到的。

35 別把血汗錢貢獻給醫院

　　生活中有太多真實案例，辛苦賺錢卻賠上健康，血汗錢全流進醫院，世上沒有任何東西勝過你的健康，賺錢更要顧好身體。

　　一位住馬來西亞檳城的朋友告訴我一個真實的故事，一位非常勤奮的麵攤老闆娘，因為生意好，所以一年到頭拚命的炒麵，只有大年初一休息一天，但突然間麵攤休業了半個月，復工時客人問她這些日子跑去哪裡了。

累出病，有錢喚不回健康

　　她說去開刀，順便將銀行帳戶裡面的十多萬元馬幣（相當台幣一百多萬元）轉帳匯給醫生。

　　台北縣也有一個實例，一個貨運行的老闆從年輕拚到老，從一部車增加到十部車，從一間房子買到五棟房子，可是完全沒有時間休閒，也不曾出國渡假。

太太看到別人出國，也想出國，他說等有空些再出去吧！在一次人手不足時，他自己開車送貨去，結果忙到半夜突然腦溢血，住院半年多，幸好還能活命，但從此癱在床上，不能再工作，更談不上休閒渡假了。

這就應了一句台灣諺語：「賺得到用不到，眼睛亮亮人難過。」

生機飲食蔚為風潮

只顧賺錢而沒有正確的生活觀，這樣子的生活也沒品質和價值可言，因為賺了全世界，卻把生命賠進去是沒意義的

最近突然發覺很多朋友都改變了生活型態，在飲食部分，早上吃地瓜的人一大堆；午餐在公司後面的素食拉麵大排長龍；抽煙的人愈來愈少看到，聚會時甚至希望安排素食或簡單的有機餐，隨身攜帶環保筷、環保杯的也大有人在。

談到社會資源，以歐美人最在意，朋友傳來一篇文章，一群台灣人在德國吃晚餐，因為異地重聚心情興奮，不免像在台灣一樣點了一大堆菜，結果當然是吃不完，一旁老婆婆當面指責，他們還不以為意，老婆婆立刻打電話通知環保警察來，二話不說開了50馬克的罰款，並嚴重提醒，你們不可以浪費社會

資源，社會資源是世界公民共有的，不可以任意糟蹋。

大吃大喝太不健康

無論這個故事的真實性為何，都給了我們非常好的警惕，華人常喜歡大吃大喝，「吃到飽」的餐廳杯盤狼藉，消費者硬塞下超出胃袋負荷的食物，或者是精食佳餚、魚翅燕窩，不論是暴發戶心態或是虛榮心，都不足取。

值得高興的是，已有人逐漸覺醒，以儉樸環保精神為榜樣，很多社會精英、有志之士除了以身作則外還推廣呼應。在追求財富自由的同時，身體健康是最重要的事。

■ 培養健康的秘訣

1. 飲食清淡不要大魚大肉

2. 多喝茶養身保健

3. 常常快步走鍛鍊身體

4. 保持好心情，不要常生氣

5. 睡眠時間要充足，要跟著時序走

6. 參加對身體有益的團體，如合唱團、氣功班、登山社等

7. 參加正向之社團，如慈善公益團體、愛心團隊

8. 有信仰的宗教可追尋，心靈富足，也是健康之道

9. 投入一個可終身服務的商業團隊，有學習的機會，並有收入的挹注

人生顧問 277

養得起的未來
退休要有錢的35個財富觀念與人生態度

作　　　者——陳亦純
編　　　輯——林菁菁
封面設計——莊麒生
內頁設計——菩薩蠻數位文化
董 事 長——趙政岷
總 經 理
出 版 者——時報文化出版企業股份有限公司
　　　　　一〇八〇三　臺北市和平西路三段二四〇號三樓
　　　　　發行專線－（〇二）二三〇六六八四二
　　　　　讀者服務專線－（〇八〇〇）二三一七〇五・（〇二）二三〇四七一〇三
　　　　　讀者服務傳真－（〇二）二三〇四六八五八
　　　　　郵撥　一一九三四四七二四　時報文化出版公司
　　　　　信箱　臺北郵政七九至九九信箱
時報悅讀網－http://www.readingtimes.com.tw
讀者服務信箱－newlife@readingtimes.com.tw
法律顧問－理律法律事務所 陳長文律師、李念祖律師
印　　　刷－勁達印刷股份有限公司
初版一刷－2017年9月29日
定　　　價－新臺幣三〇〇元
（缺頁或破損的書，請寄回更換）

時報文化出版公司成立於一九七五年，
並於一九九九年股票上櫃公開發行，於二〇〇八年脫離中時集團非屬旺中，
以「尊重智慧與創意的文化事業」為信念。

國家圖書館出版品預行編目資料

養得起的未來 : 退休要有錢的35個財富觀念與人生態度 / 陳亦純作. -- 初
版. -- 臺北市 : 時報文化, 2017.09
　　面 ; 　公分. -- (人生顧問)

ISBN 978-957-13-7154-2(平裝)

1.退休 2.生涯規劃 3.理財

544.83　　　　　　　　　　　　　　　　　　106016534

ISBN 978-957-13-7154-2
Printed in Taiwan